婚姻保鲜红绿灯

妻子篇

金莉 王磊◎著

青岛出版社
QINGDAO PUBLISHING HOUSE

国家一级出版社
全国百佳图书出版单位

图书在版编目（CIP）数据

婚姻保鲜红绿灯.妻子篇/金莉　王磊著 .—青岛：青岛出版社,2012.1

ISBN 978-7-5436-7863-7

Ⅰ.婚 . . . Ⅱ.①金 . . . ②王 . . . Ⅲ.婚姻－通俗读物

Ⅳ.C913.13−49

中国版本图书馆CIP数据核字（2011）第274974号

书　　名	**婚姻保鲜红绿灯**（妻子篇）
著　　者	金　莉　王　磊
插　　图	杜丹丹
出版发行	青岛出版社
社　　址	青岛市海尔路182号（266061）
本社网址	http：//www.qdpub.com
邮购电话	13335059110　（0532）85814750（兼传真）　　（0532）68068026
责任编辑	赵文生
文字校对	刘　青
封面设计	王　玲　王江风
排　　版	青岛新华出版照排有限公司
印　　刷	青岛乐喜力科技发展有限公司
出版日期	2012年1月第1版　2012年1月第1次印刷
开　　本	16开（710 mm×1000 mm）
印　　张	13.25
字　　数	160千
书　　号	ISBN 978-7-5436-7863-7
定　　价	26.00元

编校质量、盗版监督服务电话　4006532017　0532-68068670

青岛版图书售后如发现质量问题，请寄回青岛出版社印刷物资处调换。

电话（0532）68068629

目 录

关于这本书（前言）·· 1

一、相处艺术 ·· 1

1. 赞美,是丈夫的"兴奋剂" ································· 3

2. 疑心,是婚姻的"不谐音" ································· 5

3. "松绑",让丈夫"飞翔" ·································· 7

4. "肩并肩",共同挑战困难 ································· 9

5. "对话",胜过"对抗" ··································· 11

6. "离婚"——争吵的禁语 ······························· 13

7. "斗嘴",不可"斗狠" ··································· 15

8. 有理也要让三分 ······································· 17

9. 丈夫不是"出气筒" ····································· 19

10. 莫把丈夫当"儿郎" ···································· 21

11. 勿把丈夫当"牛马" ···································· 23

12. 丈夫"操琴"我"伴唱" ································· 25

13. 丈夫"醉了"莫斗气 ···································· 27

14. 莫让"洁癖病"感染了爱情 ···························· 29

15. 整容先过"丈夫关" ···································· 31

16. 病床之前莫薄情 ………………………………………… 33

17. "女强人"也要"小鸟依人" …………………………… 35

18. "老夫少妻"更在情 ……………………………………… 38

二、夫妻修养 ……………………………………………… 41

1. 追求时尚莫"放浪" …………………………………… 43

2. "情敌"并非是"死敌" ………………………………… 46

3. "低头认罪"又何妨 …………………………………… 48

4. 莫要争当"严管妻" …………………………………… 50

5. 劝君善待"负心郎" …………………………………… 52

6. "撒娇娇"也要"分火候" ……………………………… 55

7. 追求浪漫莫"小资" …………………………………… 57

8. "烈女"不可太硬 ……………………………………… 60

9. "淑女"不可太软 ……………………………………… 62

10. "留守太太"要守住寂寞 ……………………………… 64

11. "农村郎"又怎么了 …………………………………… 67

12. 善待你的"清贫郎" …………………………………… 70

13. 修养，是美丽的"霓裳" ……………………………… 73

14. 要贤"慧"不要贤"惠" ……………………………… 76

15. 远离荒唐的"网恋" …………………………………… 79

三、私密空间 ……………………………………………… 83

1. "香美人"最迷人 ……………………………………… 85

2. "鸳鸯浴"，时尚的"圣餐" …………………………… 88

3. 不拿性爱"做交易" …………………………………… 91

4. 夫妻禁用"冷暴力" ……………………………… 93

5. "性冷淡"需及时调理 …………………………… 95

6. "性亢奋"要正确对待 …………………………… 97

7. 性爱,应时时求新 ……………………………… 99

8. 远行了,别忘了寂寞的丈夫 …………………… 102

9. 小别胜新婚 ……………………………………… 104

四、家庭建设 ……………………………………… 107

1. "财权"面前不"眼红" …………………………… 109

2. "私房钱"也有游戏规则 ………………………… 111

3. 购置房产不当"霸王花" ………………………… 114

4. 当家不做"吝啬婆" ……………………………… 117

5. 勤俭不做"购物狂" ……………………………… 119

6. 不做"甩手掌柜" ………………………………… 122

7. 漠视"官本位" …………………………………… 125

8. 慎做"全职太太" ………………………………… 128

9. "嫁鸡"不可"随鸡" ……………………………… 131

10. 不做"贪内助" …………………………………… 134

五、子女教育及其他 ……………………………… 137

1. 不可强逼孩子"成材" …………………………… 139

2. "孝道教育"莫偏心 ……………………………… 142

3. 孩子、丈夫不能"一头热" ……………………… 145

4. 惯子如杀子 ……………………………………… 148

5. 起名也要"礼让三先" …………………………… 151

6."穷亲戚"要善待 ……………………………………………… 153

7.娘家人的"及时雨" ………………………………………… 156

8."郎才女貌"非绝对 ………………………………………… 159

9.别让老公成"唐僧" ………………………………………… 161

10.莫把美貌当"资本" ………………………………………… 163

11.遇到恋人不"迷航" ………………………………………… 166

附 录 ……………………………………………………………… 169

名人婚姻语录 ………………………………………………… 171

名人婚姻保鲜术 ……………………………………………… 179

魔幻"数字婚姻保鲜" ………………………………………… 184

后 记 ……………………………………………………………… 203

关于这本书

　　为什么要写这本书？

　　婚姻保鲜，是一个时髦话题，也是一个实在问题，尤其是在多姿多彩的现代，婚姻似乎变得异常脆弱，世人对婚姻的要求亦越来越高，这一状况，导致的直接结果就是婚姻的不稳定性，离婚率持续上升。为了拯救婚姻，为了千家万户的幸福、美满，我们不忝力薄，执意打造这本婚姻保鲜的小册子，也算是一件文化善事吧。

　　可是，婚姻保鲜，尽管常常挂在嘴上，破题行文，却困难重重。从何入手，由何切入，久久困扰着我们，在资料匮乏、先例罕见的状态下，我们只能"白手起家"，探索爬行。当我们走进婚姻保鲜的思维空间，蓦然发觉，它竟是一项浩繁、艰难的人文工程，概念、观念、法律、伦理等，千头万绪，斑驳陆离，让你无法判定，难以理清。哦，真可谓"吟安一个字，拈断数茎须"啊！

　　青岛的秋天，落叶纷飞，海风萧萧，我们怀揣着梦想，聚集在浮山脚下，苦心孤诣地打造这本小册子。世象如落叶般凌乱，思绪似海浪般飞溅，我们在奔波中搜集素材，在静止中揣摩主题，在痛苦中履行使命，也在兴奋中收获成果。

　　《婚姻保鲜红绿灯·妻子篇》以"保鲜"为主旨，以情感为主线，以故事为载体，以年轻夫妻为对象，侧重于相处艺术、夫妻修养两个角度，同时涉及私密空间、家庭建设和子女教育及其他，共五个方面，运用真实案例加以点评，告诫跋涉在漫漫婚姻路途的人们，应该怎么样，不应该怎么样，如何才能时时刷新爱情，保持婚姻鲜美，达到"得成比目何辞死，愿作鸳鸯不羡仙"的佳境。为了使这本小册子更系统、更权威，我们还编辑了"名人婚姻语录"、"名人婚姻保鲜术"和"魔幻'数字婚姻保鲜'"，附录书后，以飨读者。

是的，倘若认真研究起来，"婚姻保鲜"，应是一门深奥、浩淼的学问，这本薄薄的小册子，只能是一孔之见，或是管窥蠡测，限于经验和水平，我们也不可能做到权威、详尽，不妥、不当之笔，敬请读者批评指正。

作　者

2011 年 11 月 7 日

于青岛浮山文学创作园

婚姻保鲜红绿灯（妻子篇）

一、相处艺术

上帝取男人的一根肋骨做成了女人，如果真是这样，当女人通过婚姻的桥梁找到了自己的丈夫，是不是会有一种温暖的归属感？

那么，怎样去挖掘和维持这种感觉，让彼此拥有对方后更加完整，能像两个半球体那样"合二为一"，快乐地向前滚动？那就要学会夫妻相处的艺术。

1. 赞美,是丈夫的"兴奋剂"

夫妻之间,不但要互相信任、互相欣赏,还要学会互相赞美。赞美,有时就像一块香甜的巧克力,能让生活有滋有味。

王江勇是个勤奋刻苦的人,大学毕业后他进了一家国有企业,没想到的是,仅过了两年,企业因管理层的问题倒闭了。下岗的他没有再去应聘,而是提取了家里的存款,开了一家书店。自己创业可没那么简单,几个月后,由于经营不善,市场萧条,他只好处理了积压的图书,关门大吉。

盘算着所剩不多的资金,他想到了另一条出路:炒股。可是,当王江勇杀进市场,申购了一支网络概念的股票时,行情却急转直下,一落千丈,最终跌得他差点犯上了心脏病。

身处人生低谷,王江勇落魄不堪、灰心丧气,更让他无颜面对的是他的妻子李璇。两人结婚才半年多,他几乎赔进了家里的全部积蓄,这让他羞愧无比。这天,王江勇在外徘徊到天黑,当他硬着头皮走进家门时,却发现妻子早已做好了一桌可口的饭菜,等着他回来。饭桌上,他怀着忐忑与愧疚的心情向妻子诉说了自己的厄运,本以为妻子会大发雷霆,一番指责,熟料,妻子只是沉默了片刻,然后抬起头,温柔地说:"做生意哪有不赔的,只要你敢于接受挑战,就总有'守得云开见月明'的一天!"王江勇愣了,他望着妻子真挚与信任的目光,泪水慢慢涌了出来。

接下来的几天,李璇照常上班,而且还时不时打来电话,送上安慰和关怀。这让王江勇深深地感动了,同时,他下定决心要重新站起来,不让妻子失望。通过考察市场,他发现,废品回收是一个很赚钱的行业,当他把想法告诉妻子时,妻子大加鼓励,并拿出了自己的"私房钱"支持丈夫。不仅如此,她还召集自己的娘家人,借钱为丈夫做后盾。但娘家人一听王江勇借钱做生意,有的犹豫,有的反对,还有的指责开了：一个大学生开废品回收站，传出去不让人笑话吗？这时，李璇站出来了，她对娘家人说："我相信我的丈夫，也了解我的丈夫，在别人眼里，他也许是个最倒霉最落魄的人，但在我眼里，他是个最优秀最有能力的老公！"她的话让在场的人震撼了，更让王江勇震撼了。一个月后，在亲戚朋友的资助之下，王江勇的废品回收站顺利开张了，由于他兢兢业业，诚信经营，生意风生水起，一片红火。到年底，王江勇不但还清了所有债务，还有了一笔数目可观的存款。现在，他们的回收站如日中天，婚姻也越来越美满……

点评：

俗话说：良言一句三冬暖，恶语伤人六月寒。妻子一句赞美的话语、一个欣赏的眼神，往往是丈夫激流勇进、排除万难的巨大动力，当丈夫遇到挫折时，妻子的赞美和鼓励，其神奇效力往往是难以估量的。因此，学会赞美自己的丈夫，既有利于丈夫逆水行舟，也有利于婚姻的鲜美和稳定，所以，妻子应当学会赞美丈夫。

当然，赞美丈夫也要讲原则、讲分寸，对丈夫的缺点和错误，不能视而不见，不能推波助澜。同时，赞美丈夫也要实事求是，不能盲目地夸大其词，否则，就有点儿"傻瓜老婆夸丈夫"了。

2. 疑心，是婚姻的"不谐音"

　　婚姻中的猜疑，就像千里大堤上的蚁穴，若任其发展，总有一天会毁掉大堤；缺乏信任的家庭，就像建在沙漠上的房子，若不及时解决，总有一天会倒塌。

　　高文力和苏琪是大学同学，在校园里，两人一个是篮球明星，一个是论文达人，性格、特长各有互补，毕业一年后，他们便携手走进了婚姻的殿堂，可是婚后两人的生活却出现了波澜。高文力是个很阳光、很进取的人，毕业后进了一家事业单位，上下关系很融洽，同事们都愿意跟他私下交流。而分到了一家小型企业的苏琪呢，由于业务单纯，社交狭窄，遂对高文力的社交行为产生了看法，每当丈夫参加聚会或应酬时，她都对他颇有微词，甚至怀疑他有什么"不轨"。在学校时，苏琪对高文力就看得很严，经常为了高文力与其他女生多说一句话而究根问底，这让人缘颇好的高文力很是苦恼。他试着与苏琪沟通过，但苏琪是个太有主见的人，拒不接受他的观点，时间长了，高文力也只好得过且过，并尽量回避与异性的接触。可是，结了婚，上了班，苏琪再这样满腹狐疑就让高文力越来越头大了。高文力是个好热闹、讲义气的人，同事爱隔三差五地跟他小聚，每次小聚之前，为了

5

减轻苏琪的不快,他都要向她汇报聚会的成员,而即便是这样,苏琪也会频繁地用电话"追踪调查"。回到了家,高文力还要接受苏琪的进一步审查。久而久之,高文力免不了感到厌烦,尤其是苏琪"追踪调查"的电话,经常成为同事调侃的笑料。高文力心里越来越暗淡。更让他不能忍受的是,苏琪还随意查验他的手机、电脑,动不动就登陆他的 QQ 和邮箱,好多次,他正在聊天时,突然被提示"异地登录",他知道,这又是苏琪搞的鬼。有一次,高文力的一名同事转发给他一条黄色笑话,他也没当回事,没想到,苏琪看到后竟揪住不放,非让他解释是怎么回事。他告诉她,发信息的人是男同事,她却不相信,怀疑他在外面有了"小暧昧",跟他闹到半夜,把卧室的东西扔了个底朝天,深感婚姻窒息的高文力实在累了,不想再跟她争吵,只是用沉默迎接她的纠缠和挑战。

又过了一年,高文力升至副处长,这本来是件好事,但苏琪却大皱眉头,她仿佛看到了婚姻的危机,对丈夫的"审查"更严格了。一次,高文力出差,随行的是一名女同事,回来后,苏琪盘问了丈夫三天。高文力觉得这桩婚姻确实无力支撑了,便向苏琪递交了一份协议离婚书……

点评:

信任,是婚姻的基础。而苏琪偏偏不信任自己的丈夫,由此造成了婚姻的悲剧。

现实生活中,类似苏琪的例子绝非一二,造成的婚姻危机也比比皆是。因此,为了婚姻的鲜美,夫妻双方都应当放弃疑心,抱着信任的态度对待自己心爱的人,也只有这样,爱情之花才会更加娇艳。

3. "松绑",让丈夫"飞翔"

艾伟是青岛一家颇有实力的外贸公司的业务经理,大学毕业后因为忙于自己的事业,所以一直过着单身生活,后来经朋友介绍,认识了做保险业务的秦丽红。经过半年多的交往,艾伟被秦丽红的温柔体贴所打动,而秦丽红也被艾伟的勤奋能干所折服,两人在亲朋好友的祝福声中结为了秦晋之好。

婚后,艾伟逐渐发现,秦丽红对自己的关心和体贴到了一种让他无法忍受的程度。他有每晚读书的习惯,可每当在书房里阅读的时候,妻子总是不断地来敲门,或送一杯茶,或送一条毯子,甚至还要给他揉肩捶腿说说情话,闹得他实难静心。

由于业务需要,艾伟经常出席一些社交场合,以结交生意上的伙伴。而秦丽红的工作时间也比较宽松,所以每逢艾伟聚会,妻子总是缠着他要一起去,无奈,艾伟只好顺从她。天长日久,朋友圈中竟然送给了秦丽红一个并无恶意的绰号——"第三者"。面对妻子的柔情和这个戏剧化的称号,艾伟只能报之凄苦的一笑。

外贸公司的工作时间并不规律,经常白天做业务,晚上开会做总结。忙碌了一整天,往往在开完会后,同事们一起到附近的饭店吃点东西喝点酒,适当放松一下。可是让艾伟尴尬的是,每当开完会从公司里出来,都会看到妻子坐在门口不远处的花坛边,怀里抱着一个饭盒在等着他,这让他不知该跟同事一起去吃饭,还是该享受妻子的"特殊待遇",尴尬异常。回到家后,他也不止一次请求甚至恳求妻子改变做派,但每次妻子都温柔地拒绝他,这真让艾伟哭笑不得。

功夫不负有心人,艾伟的工作终于又上了一个新台阶。在他的不断努力下,澳大利亚一家服装公司决定跟他合作,在洽谈完初步的合作意向后,对方的销售代表杰克主动邀请艾伟共进晚餐。毋庸置疑,这对艾伟而言是一次绝好的机会,若跟杰克有了私人交往，以后的生意会发生翻天覆地的变化。

在得知这一消息后，秦丽红又软磨硬泡，要跟丈夫一起前去。艾伟觉得这是对方第一次邀请，而且只邀请他一个人，若带妻子前去并不合适，遂严词拒绝了她。

杰克长期待在中国，普通话说得比较流利，就餐地点他选在了青岛海边激情酒吧一条街。他们两人相对而坐，越聊越投机，最后杰克表达了自己希望跟艾伟继续合作的愿望。就在这时候，酒吧门口闪进一个人影，是秦丽红。艾伟愣住了，杰克也纳闷地看着两人的反应，待弄明白两人的关系后，杰克并没有表现出过多的不快，只是礼节性地问候了一声。秦丽红也觉察到杰克的不快，解释道只是来给丈夫送件衣服，随后讪讪地离开了。

吃饭结束后，杰克的态度却来了个一百八十度的大转弯，他明确告诉艾伟："一个走不出妻子怀抱的男人，事业上是不会有大的作为的。"

当艾伟沮丧地回到家时，秦丽红立即凑上前去，关心地问道："结束了？"

艾伟淡淡地看了妻子一眼，道："结束了。"他一动不动地盯着窗外，良久，又说道："我们，也该结束了……"

点评：

结婚，并不代表着两人从此形影不离，天天腻在一起。即使是夫妻，双方也都应该有自己的工作、朋友圈子，适当的距离和空间才能使婚姻更持久。如秦丽红和艾伟的婚姻，不可否认的是，秦丽红确实非常爱丈夫，但是"爱"过头，就等于给丈夫筑起了一个严严实实的"包围圈"，"圈内"的人往往会感到窒息和困惑，这就给婚姻埋下了悲剧的种子。

所以，爱他，就不要"绑"住他，而是要让他像风筝一样，在相对自由的天空尽情飞翔。

4. "肩并肩"，共同挑战困难

婚姻生活，从来就不是完全风平浪静的，不可预知的灾祸总会从天而降，在面临这样的困厄时，究竟该如何做？看完下面的故事，你或许会有一些感悟。

这还要从一桩伤害案讲起。

小敏和丈夫孙强是别人眼中一对并不太般配的夫妻。小敏是一家中型保险公司的推销员，长得比较漂亮，性格也外向，交际面很宽广，她最大的爱好就是在舞池里飞旋。而孙强则是当地物流公司的收件员，比较憨厚淳朴，属于老实巴交性格内向的一类。

两人虽然生活在同一个屋檐下，但是平时都早出晚归各忙各的，日子过得平平淡淡波澜不惊。有一天，小敏又跟朋友相约去离家很远的 KTV 唱歌，直到晚上 11 点多还没回来，孙强不放心，连夜出去寻找。在一个小胡同里，他恰巧遇到了正被几个地痞流氓拦住的小敏，孙强奋不顾身冲上去，可双拳难敌四手，在跟小流氓打斗的过程中，他不小心被一根棍子打伤了腰。

物流公司收件员是一个体力活，需要整天搬扛货物，腰部受伤后，孙强明显胜任不了这份工作，而小敏的收入也不稳定。为了养家糊口，孙强辞掉了物流公司的工作想"另起炉灶"，幸好在技工学校的时候他学过汽车维修，算是有一技之长，就想开一家销售汽车配件的小店。可是，当他筹集资金时，却遭到了妻子小敏的阻拦，她死活不同意动用家里的存款。在孙强的反复要求下，她甩出一句话："要用就用你自己赚的，我赚的钱你不能动！"

听到这话，孙强愣了。最终，他取出了两人存款中的一部分，才勉强开起了这爿配件小店。

因为店面较小，所以需要经常进货，孙强一个人肯定忙不过来。他想妻子的

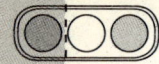

空余时间比较多，就让她没事儿的时候来店里帮帮自己，可是每次提到这个，小敏总是一堆借口。

无奈，孙强只好在店里支了一张行军床，全身心地投入了小店经营。由于生意繁忙，孙强很少回家，而每次回家，都会听到小敏兴致勃勃地诉说着唱歌、跳舞的事情，她对店铺却没有一言一语的关心。看着喋喋不休的妻子，孙强心里越来越凉。

紧挨着汽配店的是一家规模不小的维修厂，厂长余若扬是一个离异的中年女性，精明能干，风韵犹存。见孙强每天都起早贪黑很不容易，她主动从孙强处购买一些汽车零件，尽可能地在生意上帮他，就这样，在余若扬的帮助下，汽配店的生意越做越大，并在小范围内有了一定的知名度。

就在生意风生水起之时，忙于交际的小敏开始主动关心起了孙强的生意，她提出，自己从保险公司辞职，专门打理店里的财务。没想到，却被孙强一口回绝，而后，他拿出了一份已经签了自己名字的"离婚协议"……

小敏在震惊之余，质问孙强是否跟汽修厂老板娘有染，孙强却坦荡地摇摇头说道："她是帮助过我，但只限于生意上的帮助。而你对自己的丈夫，连一个素昧平生的陌生人都不如，我们的婚姻，还有什么意义呢？"

点评：

家庭生活，难免要遇到风霜雪雨、沟沟坎坎，当困难、危机袭来时，妻子要勇敢地跟丈夫站在一起，心连心，肩并肩，激流勇进，共同抗击。在面对生活的困苦时，谁也不可心存杂念，躲避逃离，也只有这样，才能将困难踩到脚下，拨开云雾，飞越峡谷。有人说，一个家庭一条船，夫妻是风雨同舟的舵手，在生活的狂风巨浪里，同心协力，乘风破浪，既是双方共同的义务，也是一种品质的要求。反之，其道德意识、思想品质就需要拷问了。

5. "对话"，胜过"对抗"

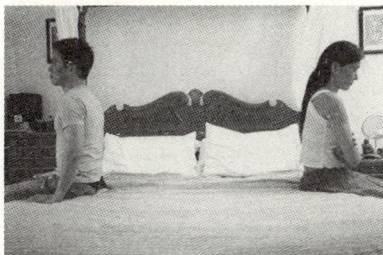

对话是一门艺术，是维持婚姻良好的桥梁。

冯向明是工商局的副局长，经常有应酬，同时，他也是个爱喝酒的人，妻子黎红对他这一点十分不喜欢。每当冯向明带着一身酒气回到家，妻子不是白眼相待，就是唠叨责备，有时冯向明因为酒喝多了口干舌燥，妻子也不愿帮他倒杯水。一次，昏昏沉沉的冯向明实在耐不住口渴，自己摇晃着到饮水机前接水。谁知，醉眼朦胧的他误把开水当凉水，喝下一大口后当场就喷了出来，第二天一看，整个舌头都烫紫了。看着丈夫的"惨状"，黎红不冷不热地说："让你喝酒，烫死也不可怜。"

夹在应酬与妻子中间，冯向明有苦难言，尤其是妻子对他的不理解、不心疼让他感到很失望。愤怒之下，再遇到酒场时他就难免把持不住，借酒消愁，喝得更多了。面对大醉而归，倒头就睡的丈夫，黎红怒火中烧，她指着丈夫大声责骂，丈夫却翻过身去，打起了呼噜。气愤难当的黎红几天都对丈夫不理不睬。就这样，因为喝酒，冯向明跟妻子的矛盾不断升级，有几次，他应酬完回家，被妻子关在门外，他打电话，妻子偏偏不接；想高声吆喝，他又怕惊动了邻里。无奈之下，他只好扭头去了宾馆。

也就在黎红跟丈夫硬碰硬地对抗时，闺蜜小珍来到了她的跟前，告诉她，你这样对待嗜酒的丈夫，只能适得其反。黎红讨教计谋，律师出身的小珍教给了她密招……

　　这天晚上，冯向明又一身酒气走进了家门，他正在走廊里掏钥匙，家门却开了，妻子笑嘻嘻地迎了出来，把愣住的他拉了进去。为避免冲突，冯向明习惯性地要扎进卧室睡觉，妻子却挽住他的胳膊，温柔地说："别急着睡觉呀，我知道你的习惯，喝了酒不吃饭，这样对胃不好。"说着，她挽着他进了厨房。他揉揉眼睛，看见饭桌上竟然摆着一杯热牛奶，一碗鸡蛋面，外加四碟小菜。"愣着干吗，吃呀。你也累了，早点吃完早点洗洗睡觉，洗澡水已经给你兑好了。"她把他按到了凳子上。冯向明依旧没反应过来，妻子夹起一块鸡蛋放进他嘴里，他机械地嚼着，疑惑地望着妻子。她温和地解释道："我反对你喝酒，是担心你的身体呀，当然，以前也怪我，总想跟你争吵，对你不够关心。老公啊，其实我是知道的，你的工作性质免不了应酬。不过，以后你喝了酒可别再去宾馆了，我嘴上不说，心里其实挂念着呢，都睡不着。为了你的身体，往后你再回来晚了，我尽量给你准备夜宵，行吗？"这番真挚的话语深深触动了冯向明，他攥着妻子的手，认真地说："我也有错，不体谅你的担忧，我向你保证，从今天起，我尽量少喝酒，早回家！"后来，他还真改变了……

点评：

　　每个丈夫，都有他的缺点和不好的习惯，如何帮助他改变呢？仅仅靠批评、训斥未免过于简单，做妻子的要想改变丈夫，一定要注意方式方法，发挥女性的特质，和风细雨，以柔克刚，"硬碰硬"绝不是解决问题的上策，从上述案例中黎红的身上，我们或许能得到些许启示。

6. "离婚"——争吵的禁语

男人是自尊的动物,女人嘴边的"离婚"两字是伤害男人自尊的利剑。当忍耐到达极限时,男人会无心恋战,离婚就成了他们对抗疲惫的最后武器。

袁飞和冯雁是一对"速配"夫妻,两人各有自己的事业,各方面条件也都相当,即便性格,也是一个刚一个强,针尖对麦芒。这样一来,两个人一旦争吵起来,就不可开交。好在他们吵归吵,闹归闹,事后都不记仇,日子也就在硝烟不断中继续过下去。可有一次,却发生了一件让袁飞十分头疼的事情。那天,夫妻俩又吵了起来,具体起因袁飞记不清了,吵着吵着,夫妻俩动了肝火,你摔一个碗,我摔一个盘,你摔一个盘,我摔一个盆。面对一地狼藉,妻子面色涨红地吼出了一句:"离婚!"这两个字让袁飞一愣,当场就没了脾气,因为在他心里,夫妻俩虽然性格上有些磕磕碰碰,但并没有大的矛盾,完全不至于走到离婚那一步,况且离婚是件大事,岂能儿戏?他深吸一口气,平静了一下情绪,破天荒地低下了头,安慰起妻子来。怎知,他的这次退让却让妻子尝到了甜头,每次一吵架她就提离婚,令他伤神不已。时间一长,妻子口中的"离婚"就像童话故事中那个孩子口中的"狼来了",袁飞不再害怕,但这两个字仍不断刺痛着他的神经,使他十分厌烦。

这次,两人又因一句话吵了起来,一阵锅碗瓢盆的叮叮当当之后,冯雁又大喊着"离婚",本来没生多大气的袁飞一阵血气上涌,他冲口而出:"离就离!"冯雁怒道:"要离就现在写协议,你可别后悔!"袁飞也怒了:"写就写,写完了马上去民政局!"冯雁说:"去就去!"就这样,两人写了协议,签了名,按了手印,驱车到民政局办理了离婚。当那张红色的结婚证被盖上了"作废"二字时,冯雁呆了一下,恍如从梦中惊醒,她意识到,自己说离婚只是在宣泄一种情绪,在她的内心深处并不是真正想离婚,但是,以她争强好胜的性格,后悔已经晚了……

点评：

婚姻需要经营，尤其是现在越来越多的速配婚姻，婚后难免有一个磕磕碰碰的磨合期，激动愤怒的争吵也是情理之中的，但无论多么气愤，也不应当用"离婚"来表达和宣泄自己的负性情绪。心里不想离婚，却拿离婚来发泄自己的情绪，是消极的、愚蠢的、幼稚的、对婚姻具有破坏性的行为，更会一再伤害丈夫的感情与自尊。等到丈夫的忍耐达到极限，使离婚假戏真做时，再去后悔恐怕为时已晚，即使最终婚姻没有破裂，也会给夫妻感情划上难以修复的裂痕。

7. "斗嘴"，不可"斗狠"

秦丽和张建是一对平凡却又不普通的夫妻。说他们平凡，是因为他们跟千千万万对夫妻一样，没有太多钱也没有太大权，只是在小城市里开着一家规模不大的服装店，默默无闻地生活着。说他们不普通，却是因两个人都是"张飞脾气"，无论遇到什么事儿，你来一句我回一声，几个回合以后，"战火"就点燃了，所以隔三岔五，他们都会上演一场"和平与战争"的闹剧。

这夫妻两人有一个共同爱好，那就是跳舞。经常，清晨或傍晚，两人手拉着手漫步到广场的舞池"过一把瘾"，可是每次都是乘兴而来败兴而归。音乐一响起，秦丽就近乎本能地随着节奏翩翩起舞，但是张建的乐感太差，相伴时踏错鼓点、迈差舞步是他的"家常便饭"，秦丽就讽刺他是一头耳聋的"笨猪"，而张建也针锋相对地反击，话赶话地没几句，原本面带笑容的脸色就渐渐阴了下来，玩笑话也变成了尖酸刻薄的"揭老底"。到争吵声打搅了别人时，秦丽甩下一句"跟你这头笨猪一起，丢死了"，然后扭头就走。

夫妻二人不但是"舞迷"，还是一对铁杆"股民"。跳舞的矛盾比较容易解决，比如各自找合适的舞伴，但是炒股时候的"斗嘴"，却就没有那么简单了。

证券交易大厅，也是两人的"主要战场"。在花花绿绿的大盘下，秦丽就如一只打了兴奋剂的母鸡一般，不停地指点着起起伏伏的走势，一会让丈夫买这个，一会又拍着胸脯说买那个肯定赚，闹得张建眉头紧皱，无所适从，而这时，秦丽就开始抱怨丈夫犹豫不决。本就心烦意乱的丈夫听了，马上会反唇相讥，极短的时间后，两人就忘记了炒股原本目的，开始上演一场"夫妻战争"，甚至唇枪舌战，拳脚相加，他们慢慢成了证券大厅里的"演艺明星"。

夏季服装销售旺季快到了，夫妻二人又为进货的事儿产生了摩擦。张建在经过一番市场调查以后，决定进一批"哈伦裤"，开始秦丽并不同意，可当丈夫点开北京上海一些大城市的淘宝热卖店后，她也在事实面前低头了。

可是，"市"事难料。他们所居住的是三线城市，流行时尚的步伐远远落后于大都市，所以，倾尽所有储蓄购进的"哈伦裤"，全部冷背呆滞。秦丽一个劲地谴责丈夫脱离实际乱做决定，张建心里不服嘴上硬，两人一来一往，又从半真半假的"斗嘴"升级到了针尖对麦芒，将服装店闹了个一地狼藉，两人的婚姻也陷入了难以挽回的"冰冻期"……

点评：

"斗嘴"，被人戏称为婚姻中的"浪里奇葩"。适当地斗斗嘴，不失为调剂感情、增加情趣的一个方法，但是需要注意的是，"斗嘴"不能过火，更不能"斗狠"，如秦丽和张建，"斗"来"斗"去，竟将小小的浪花演变为惊风恶浪，给婚姻带来了毁灭性的伤害。

夫妻之间的"斗嘴"，就像一场没有裁判的围棋比赛，不需要太计较成绩，双方都应该以围棋选手的态度对待"斗嘴"——除非关键时刻寸土不让，其余时候都要审视全局，不要在乎一时一地的胜败。

8. 有理也要让三分

夫妻之间一旦产生了摩擦,做妻子的即使占尽了情理,也不可咄咄逼人,不依不饶。否则,将会让婚姻陷入危难的境地。

刘庆勇是名大学的语文老师,一身书生气质,他的妻子李丽是一家形象设计室的主管,长得高挑漂亮,也十分能干。刘庆勇对自己的娇妻很满意,只是有一点,妻子太过强势,经常得理不饶人,不管在什么场合,只要他做了让她不满意的事,她就揪住不放,非逼得他鸣金收兵、高举白旗不可。李丽出自名门,家规家教很多,刘庆勇来自山乡农家,生活不拘小节,这样,不同的教育背景、不同的世界观,也就造就了不同的处事方式和不同的价值观。莫名其妙中,刘庆勇经常惹得妻子心烦,幸好刘庆勇是个好脾气,面对妻子的唠唠叨叨、咄咄逼人,他或呵呵一笑,或沉默不语,任由妻子"批评教育"。

一次,刘庆勇的两名学生来家里玩,由于刘庆勇很有亲和力,对学生也很宽容,学生都把他当朋友看待,一点也不拘束。两个孩子笑闹时失手打碎了李丽去法国领回的奖杯,李丽当场就火了,开始数落丈夫"没个数",接着上升到了"一点也不尊重别人的成果",非让丈夫当着两个学生的面作检讨。看着手足无措的学生,刘庆勇急忙安抚妻子,不想让她闹得太僵,妻子却不依不饶,把他以前犯的"同类错误"也都抖出来大加批判,并冲进书房将他的书一一扔到地上,说让他也尝尝不被尊重的感觉,最终,这场拜访不欢而散。

刘庆勇不止一次地向妻子提议:发脾气时能不能就事论事,不要扯出陈年往事——追究? 妻子却说:"如果你不犯错,能给我把柄追究吗? 自己做错了事还不许别人说?"时间长了,刘庆勇见抗议无效,只好选择忍耐,但在他心里,妻子揪住错误不放的歇斯底里形象却渐渐覆盖了她的美貌与能干。

　　这天是他们婚后的第一个情人节，刘庆勇知道妻子的脾气，玫瑰花是必须准备的，但事情偏偏不巧，他班里的一对情侣外出约会时出了交通意外，虽然不很严重，但他也在医院忙了一天。当他晚饭前急匆匆地赶到附近的花店时，玫瑰已销售一空。他回到家，妻子果然情绪失控，数落他的种种"不在乎她"的表现，最后，为让丈夫表明真心并记住这次过失，学形象设计的她竟要求在丈夫身上纹一朵玫瑰。刘庆勇起初不同意，妻子又哭又闹，最后还要给公婆打电话，宣布离婚，他只好妥协。谁知，纹完身后的刘庆勇竟皮肤发炎，高烧不断，连续去医院打了一个多星期的吊瓶。亲戚朋友知道了这件事，纷纷指责李丽，李丽却仍理直气壮，说是丈夫有错在先，并"屡教不改"。看着自己用纱布包裹的伤口和镜中消瘦疲惫的脸庞，刘庆勇打断了正与亲朋讲理的妻子，他说："结婚一年来你对我越来越不满意，而我也无法再承受你的强势，既然如此，我们还是分手吧。"

　　……

点评：

　　由于教育、经历、性格、人生观和价值观的不同，夫妻相处时难免会产生分歧与摩擦，当丈夫犯错时，何必抓住不放、一棒子打死呢？这样，不仅不能解决矛盾，还会使矛盾升级。相反，如果妻子有理在先，却选择宽容的处理方式，或者让时间去证明丈夫的错误，丈夫自然会心存感激，当他明白过来，也会更加爱护妻子。

9. 丈夫不是"出气筒"

齐晓玲大学毕业后参加了当地民政局的考试，凭借优异的成绩她被录取了，分配到了优抚安置科。参加工作后，在家人的催促下她参加了本城的相亲大会，并结识了现在的丈夫李岩。李岩来自农村，从部队退伍后就被安置到了市医药局工作，虽然有了一个众人艳羡的"铁饭碗"，但是他身上那股淳朴憨厚的气味却依然没有改变。

结婚以后时间不长，李岩就发现妻子性格上的一大缺点，那就是爱乱发脾气，经常会因为一件完全不相干的小事，就冲着李岩直眉瞪眼呼来喝去，将自己受的所谓"委屈"全部撒到丈夫身上。

民政局优抚安置科的职责之一，就是负责退伍、转业军人的接收安置工作。一些身带"军功"的残疾军人和退役士官，因为安置不如意，经常在优抚科发泄情绪，出言不逊，闹得齐晓玲很窝火，可是职责使然，权力有限，对一些应该解决而自己又无力解决的问题，她也只能陪着笑脸，向人家说些好话，做些安慰。可是，回到家后，李岩就成了"出气筒"，无论做什么事说什么话，都不入妻子的眼，齐晓玲经常将矛头对准了丈夫，指着鼻尖数落他："你们这些人啊，都是不通情理的大老粗！"

面对妻子毫无来由的指责，李岩选择了忍气吞声，因为他理解妻子工作的苦衷，他觉得夫妻之间，就应该互相理解，互相帮助，在一方遇到烦心事时，另一方挺身而出共同承担，这才是维持家庭幸福美满的首要条件。

令李岩没有想到的是，妻子这种乱发脾气的性格在他的包容下竟愈演愈烈。

结婚一年后，齐晓玲怀孕了，为了照顾她，李岩跟她商量将住在乡下的母亲接来帮忙，并恳求妻子，不要当着母亲的面乱发脾气。齐晓玲想了想，同意了丈夫的要求。

在农村住了一辈子的婆婆，跟自小在城市长大的齐晓玲，无论在生活习惯还是别的方面，都存在着难以调和的矛盾，比如上完厕所不冲马桶不洗手，每天早上天不亮就起床屋里屋外地收拾……

家里的地板是铁苏木的，每个周末，齐晓玲都打电话请家政来维护打蜡。婆婆看了后心疼花费，就趁着儿媳打电话的前一天，自己用拖把蘸着水将整个房子都擦了一遍。

齐晓玲下班回家推开门后，映入眼帘的是高低不平鼓起来的地板，她愣了几秒钟后，猛地甩掉高跟鞋，尖声高喊着李岩的名字，开始了"狂轰滥炸"。李岩凑上前想平抚一下她的怒气，齐晓玲却一把推开了他，口不择言地说出了一些难听的话，甚至还夹杂着人身攻击。婆婆小心翼翼的劝慰也成了火上浇油，齐晓玲的怒气非但没有平息，反而变本加厉地对丈夫发起了疯。

看着像一头母狮子般的妻子，憨厚老实的李岩最终爆发了。他一巴掌打向妻子指着他的手，疲惫地说道："你再这样，我们就散了吧！……"

点评：

俗话说，"人生不如意事十之八九"，尤其是一对原本并不相识的年轻人组成新家庭以后，随着责任感、归属感等新的问题的出现，压力自然会越来越大，所面临的环境也越来越复杂，遇到不顺心的事情，难免会产生一种想排解情绪的心理需求。

毋庸置疑，排解情绪的最佳人选是自己的爱人。夫妻之间，就应该互相宽慰，携手并肩，但是要注意的是，"排解"并非"宣泄"，要做一个倾诉者，而不是一个河东狮吼般的抱怨者。否则，再美好圆满的婚姻，也会被这种吼声"吼"出难以弥合的裂缝。

10. 莫把丈夫当"儿郎"

　　每个男人都是一只雄鹰,渴望披荆斩棘,搏击天空,妻子过分的关爱只能成为束缚他们的枷锁,阻碍他们飞翔,让他们只想挣脱。

　　王强与妻子黄丽虹是在工作中认识的,那时王强 25 岁,刚从学校毕业一年多,几经辗转进入这家规模不小的外企后,同部门的工作小组组长黄丽虹自然就成了他的"前辈"。接触中,王强发现黄丽虹是个很负责、很有耐心的人,而且只比他大三岁,时间长了,一种爱慕之情慢慢升起,而黄丽虹似乎也对这个上进、努力的"小弟弟"颇有好感,时不时地主动给他帮助与关怀。一来二去,两人的感情急速升温,由同事升级为了情侣。半年后,等王强对业务熟悉了,为了不影响工作,黄丽虹主动要求调去其他部门,随即,两人举行了婚礼。

　　起初,王强对这场"姐弟恋"很满足,妻子不仅在工作上对他帮助多多,生活中也对他照顾得无微不至,但渐渐地,随着他年龄的增长、能力的提升、思想的成熟,他开始渴望独自在风浪中搏击,做一名能遮风挡雨的男子汉,可妻子却不了解他的心思,对他的关怀更甚。从每天早上一起床他穿衣、配领带、吃早餐,到晚上回家他看什么书和电视节目、几点睡觉,妻子都一一为他规划。不止如此,妻子还天天在他耳边叮嘱,遭到上司批评时该怎么做,同事之间相处时要注意什么,工作遇到困难时需如何对待 …… 每当王强有哪里让妻子不放心,她都会用母亲一般的口吻对他进行劝说与教育。对此,王强常苦笑着说:"你就这么不相信我呀?我已经不是那个刚毕业啥也不懂的小男孩了!"妻子却置若罔闻,仍然我行我素。

　　在公司里,黄丽虹也毫不避讳对丈夫的"关爱"。每逢王强与同事约好下班后小聚,黄丽虹都在他们动身前出现,问他有没有忘记带钱包,叮嘱他少喝酒、不要玩到太晚、记得打车回家,等等。望着等在一旁似笑非笑的同事们,王强很是窘迫,他忍不住告诉妻子别婆婆妈妈,妻子却瞪他一眼,说:"我不管你,怕你又出什么状况。"王强忍不住回瞪妻子,说:"我什么时候出状况了？让别人听了,还以为我什么都不能干呢！"

一次,公司组织了个"海滩一日游",王强与几个喜欢刺激的同事约好了去冲浪,妻子却把他拽到一旁,边给他擦防晒露边嘱咐说,要注意安全,千万别贪玩逞强,弄得他尴尬万分,兴致全无。

恰逢公司有个项目,王强通过努力取得了上司的信任,答应交给他去做。王强兴奋难耐,憋足了劲头正准备大展身手时,却接到通知,项目交给另一名同事了。王强失落之余,找上司询问原因,上司委婉地告诉他,经过观察,自己发现他是个很依赖妻子的人,妻子连他晚间外出、海上冲浪这种小 kiss 都不放心,公司怎么能放心把这么重要的项目交给他单独做？王强听后,感到万分委屈与苦恼。回到家,闻讯的妻子又开始苦口婆心地劝他不要灰心,把失落的情绪化为动力,更加努力地去工作,王强终于爆发了。他与妻子大吵一架,吼道:"你天天在同事面前给我塑造的不成熟形象已经深入人心,我就算再努力又有什么用?!"

第二天,王强就向公司递交了辞职申请书,过了一个月,他毅然南下去寻找自己的天空,而这场婚姻,也渐渐走入了僵局……

点评:

虽然男人多多少少都有些"恋母情结",希望得到妻子的关爱,但同时,雄性激素决定了他们骨子里都渴望挑战和成功,喜欢被依赖的感觉。若妻子一味地用对待儿子的态度和丈夫相处,增加自己的压力、影响夫妻感情不说,仰赖丈夫撑起一个家更无从谈起。即使妻子年龄比丈夫大、阅历比丈夫丰富,也不应扮演母亲的角色,将丈夫圈在怀里,使他无法展翅高飞。正确的做法应该是,放手让丈夫拼搏,适时地给他些建设性意见,既能促进他成长,又能让他有成就感,还能让他感受到妻子的支持,这样,婚姻才能越来越"鲜美"。

11. 勿把丈夫当"牛马"

一个好的佣人与一个甘愿为你当好佣人的丈夫相比,最大的区别在于:失去一个好佣人,可以轻易再雇一个;失去一个好丈夫,花再多的钱也买不回来了。

徐浩凯的妻子封蕾是个很干练的人,家境也不错,靠着父母的支持与自己的能力,她年纪轻轻就开了家广告公司,业务红火,收入颇丰。相比妻子,出身平凡的徐浩凯就稍显逊色,他是个普通的小白领,勤勤恳恳地为别人打着工,每月领取数额有限的薪水。朋友经常开玩笑,说封蕾嫁给他,是一朵鲜花插在牛粪上,他只是笑笑,不太在意地吐露自己的观点:他真心爱妻子,愿意为妻子付出一切,这是钱买不到的。但话虽这样说,徐浩凯心中并不是毫无芥蒂,因为妻子是个家境优越的独生女,被人伺候惯了,再加上年轻有为,人前人后,总是对他颐指气使,那神态,仿佛在使唤佣人一般,这让他十分苦恼。封蕾工作较忙,家务活全是徐浩凯一人包办,回到家,他第一件事就是戴上围裙做饭,每道菜必须精益求精,一旦哪盘菜不符合妻子口味了,她就来脾气,一摔筷子扭头就走。妻子的大小衣服也都是他洗,包括内衣袜子,甚至,妻子进门换拖鞋都要让他拿。有时,徐浩凯正忙着,妻子就在另一个房间喊他干这干那,把他指挥得团团转。在外面也一样,两人一起参加个什么活动,妻子在前面走,他在后面拎着包,还要随时按妻子的要求跑腿,那情景,活像妻子的贴身秘书,引来了朋友的不少调侃。但徐浩凯都一一忍下了,他劝自己,爱一个人就要包容她的一切,而且说不定再等两年,妻子更加成熟了,就能体谅他的苦衷,不再对他这般态度了。

天不遂人愿,生活并没有按照徐浩凯期望的方向发展。结婚两年了,妻子的态度不但毫无改善,反而比以前更甚。不管白天晚上,她一有什么需求就找丈夫,不管他多忙多累。大冬天的,她心血来潮让徐浩凯到公司接她下班,她临时有事离开了公司也不跟他打声招呼，徐浩凯准时来到公司楼下，等了半个多小时不见人影，给她打电话，她却不耐烦地说自己正忙着，让他别打搅她。徐浩凯问她还要忙多久，她气呼呼地说，我正忙着么，你问三问四的不是更浪费时间嘛！说完就挂了电话。徐浩凯在寒风中伫立了将近两个小时，冻得浑身哆嗦，好不容易盼来了妻子，可她连一句安慰的话都没有，那一刻，他觉得自己的心比天气还凉。

一天下午，妻子又来电话了，说想去逛逛街，让他去接。徐浩凯正做着一个表格，他对妻子说先等等吧，上司等着看表格呢，从未受到丈夫拒绝的封蕾哪忍得下这口气，她气冲冲地回家，把客厅的装饰摔了个遍，徐浩凯一进门，看着满地狼藉，无声无息地开始打扫，可妻子却不肯善罢甘休，丈夫在前面整理，她就在后面继续摔，忍耐许久的徐浩凯终于爆发了，他雷霆般地吼道："我爱你，可以为你当牛做马，但你别真的把我当牛马使唤！"

第二天，考虑了一夜的徐浩凯递给了封蕾一张离婚协议书，封蕾还想挽回，但黄花菜已经凉了……

点评：

爱是付出，不是索取，婚姻是需要两个人的爱去维持的。丈夫身为一个男人，能放下传统的封建观念，心甘情愿地照料妻子、照料家庭，这是难能可贵的，做妻子的不应恃宠撒娇，更不应把丈夫的爱当成一种唾手可得的"便宜货"，随意践踏，如若这样，即使丈夫对妻子的感情再深，也总有枯竭的一天。珍惜幸福，相互珍爱，婚姻才能长久。

12. 丈夫"操琴"我"伴唱"

蔡茂林是个徒步旅行爱好者,他最大的乐趣就是在周末或节假日,背着他那套徒步装备,和几个"驴友"去征服或大或小的山脉,每当成功到达山顶时,那种喜悦真是无法言表。他很想把这种奇妙的心情与妻子于丽丽分享,无奈,妻子是个典型的"宅女",平日在办公室干着会计工作一动不动就算了,可就算是休假在家,她也像只懒洋洋的小猫,宁愿蜷缩在沙发里看韩剧也不愿出门。蔡茂林费尽口舌向妻子描述外面的风光,妻子却说窝在阳台的竹椅里享受一下阳光就很满足了,打死也不肯加入丈夫的"驴友大队"。蔡茂林灰心之余,只好激将她说:"野外旅游,男女混杂,难道你就丝毫没有一点危机意识?"妻子听了,扑哧一声笑道:"你整天跟我唠叨你那个'驴友大队'的故事,我可没听你说过有女成员,在你那些照片里我也没看到女同胞的影子啊,你不会跟你的男同胞们产生激情吧?"蔡茂林一愣,气鼓鼓地瞪了妻子一眼,无可奈何地放弃了劝说。

又是一个"五一"长假,蔡茂林与其他五名队员们决定赶赴泰安,从北路而上征服泰山。临行前妻子强烈反对,因为她打算趁着这个假期回一趟老家,可蔡茂林是团队的队长,既然已经给队友下了通知,他觉得自己不能出尔反尔。权衡之后,他决定先去泰山,回来后再陪妻子回娘家,妻子满腹愤懑。"五一"黄金周,泰山游客如织,但他们选择的路线却没有一个人影儿,因为这条小径未经开发,崎岖坎坷,非常艰难。一行六人兴奋异常,相互击掌鼓气后就上山了。爬到一处陡峭的石壁前时,蔡茂林的手机突然响了,铃声是妻子专用的歌曲"老公老公我爱你",想着还在生气的妻子,蔡茂林让同伴们先爬上去,然后他腾出一只手,从口袋里掏出了电话。当他按下接听键刚要说话,异变陡生,他脚下踩着的石块猛然滑落,还来不及另寻着力点,他整个人就摔了下去……

蔡茂林渐渐醒来时,发现自己卧在一棵大树旁边,而手机早已不知去向。他试着动了动，心沉了下去，因为除了一些擦伤外，他的右腿受了重伤，估计是摔伤了骨头。他举目四望，周围全是粗树、杂草，而之前攀爬的那块石壁也不知在哪个方向，早已望不见了。这种情况下，经验告诉他，只能等待救援。天色暗了下来，蔡茂林拖着受伤的腿找了个背风的地方等待着，由于大意，除了口袋里的打火机他并未带其他火种，而打火机也在他滚落山崖时弄丢了，因此，点火放烟求救也不可能实现了。他打开手电四下晃着，希望能引起人们的注意，一夜过去了，救援队伍没有出现，庆幸的是，野兽也没有出现。第二天，他强打精神吃了点随身携带的食物，想再找找路，但腿部的剧痛却让他不得不放弃。在焦急等待中，太阳再次无情地沉了下去，蔡茂林也发起了高烧。一块乌云压了下来，伴着沉闷的雷声。看着电量不足的手电，蔡茂林苦涩地摇摇头，他不得不做最坏的打算，拿出纸笔给妻子写起了遗书，随着笔尖缭乱的移动，他的眼睛湿了……

正在蔡茂林万念俱灰时，一丝熟悉的呼唤让他猛地一震，他竖起耳朵仔细听着，是妻子！他张开嘴巴大声回应，却发现自己的嗓子早已沙哑，只能发出微弱的"哑哑"声。绝处逢生，蔡茂林急中生智，他抓起手电朝着声音的来源，一闪一闪地照着……

他再次醒来时，已经转危为安，躺在了安静的医院里。妻子守在床头泣不成声，他一边为妻子擦着泪水，一边保证自己会退出"驴友大队"，妻子却说："医生说了，你的腿只要好好治疗，不会留下残疾的。你失踪的那两天我也想透了，不能剥夺你的爱好，我已经托你的朋友帮我选装备，等你好了，也加入你的团队，陪着你！"意料之外的蔡茂林无言以对，只能紧紧抱住妻子……

点评：

在婚姻的长河里，爱好是一股清冽的水流，虽然没有它的浇灌，爱情之花也不致颓废枯萎，但有了它的浇灌，爱情之花会更加芬芳艳丽、常开不败。所以，当妻子的应当尽量适应丈夫的爱好，最好成为丈夫志同道合的伴侣。

13. 丈夫"醉了"莫斗气

　　田英和王恒阳结婚三年了,夫妻俩开了家小超市,日子倒也平静,只是王恒阳爱交际,加上开店做生意需要广交人缘,所以隔三差五他都要跟朋友小聚,而每次醉酒回家,妻子总是跟他吵一架。平日里王恒阳是个很和气的人,很少与妻子发生口角,可是醉了酒,他就像变了个人,妻子说一句,他能回两句,经常吵着吵着就演变成动手,两人跟比赛似的,把店里的商品摔得七零八落。也有邻居劝过田英,说别和醉酒的人争执,等王恒阳第二天醒了酒再跟他计较,可田英就是忍不住。一次,王恒阳又喝了酒,他倒头就睡,田英却不依不饶,硬是把他从床上拽起来吵闹,王恒阳一气之下摔门而出。等到凌晨两点多,田英听到门外不断传来汽车的鸣笛声,她出门一看,自家的小货车停在街上,车头被撞得面目全非,保险杠歪歪斜斜地挂着。她急忙去查看坐在驾驶座上的丈夫,丈夫仍醉醺醺地,毫发无损,但他打不开车门下了车。田英气急败坏,一方面心疼严重受损的车,一方面恼怒丈夫的醉态,她扔下丈夫扭头走进店里,收拾行李回了娘家。隔天,还不等丈夫来登门认错,她就接到电话,说店里遭了贼。她顾不上赌气了,又急火火地赶了回去,原来,那晚她离开时没有锁门,而喝醉的丈夫由于打不开车门,迷迷糊糊地在车里睡着了,这才给了小偷可乘之机。好在夫妻俩有一个习惯,每晚停止营业结算后,都把大钱整理好放在外人不易发现的地方,抽屉里只留些零钱,所以损失并不大。

　　这件事发生后,王恒阳确实消停了一阵子,连续一个多月没敢喝酒。这天下午,工商局的几个熟人来了,王恒阳经常请他们吃饭,这次也不好破例,到了晚饭时间,他又领着这帮人去了酒店,等他回来时已经是酩酊大醉。田英一看丈夫的醉态就火了,两人再次争吵起来,田英指责丈夫,说挣点钱还不够他喝酒修车的,丈夫也一肚子情理,说不喝酒怎么跟外人拉关系?田英更加恼火,说是不是不开这个店你就不喝酒了?丈夫也火大,说你先不开试试?被丈夫这样一激,田英拿起火机就点燃了被子、床单，火势一发不可收拾，迅速蔓延。邻居发现后急忙拨打了119，当消防车赶来时，整个店里都已经被大火烧着了。突然，恢复理智的田英一阵尖叫，不管不顾地就往火里冲，身旁的人急忙按住她，田英一边挣扎一边喊："存折、钱都在里面！"原来，夫妻俩的习惯是把存折藏在两人的结婚照后面，现金掖在一条不用的被子里，等田英反应过来，血汗钱已经付之一炬了，她追悔莫及……

点评：

酒精能使人冲动，在丈夫醉酒时说东说西，本身就是无用功，如果拿他酒后的话当真，并与其争吵打闹，那就真的是没气找气了。再进一步，如果争吵中妻子比喝醉的丈夫还没有理智，做出一些出格的举动，在旁观者看来，妻子甚至比丈夫更加不可理喻。事后，面对不可挽回的结局，别人也就摇头多过同情了。

14. 莫让 "洁癖病" 感染了爱情

爱好干净整洁,是现代人必须具备的品质之一。一尘不染的环境,会给人温馨舒适的感觉。一个勤于善于整理家务的女人,似乎也是多数男人心目中完美的妻子,但是当妻子 "整洁" 过了头,甚至发展到一种病态的时候,带给丈夫的,就不是温馨和舒适,而是 "望而生畏" 的恐怖之感了。

梁晓丽在一所医院做护士,丈夫曹翔是一家房产公司的业务主管。当初恋爱的时候,除了梁晓丽的漂亮迷人之外,吸引曹翔的,就是她的细心、干净。

有一次,两人一起去游乐场玩,走到一个横空架立的天桥上,曹翔想靠着旁边的铁栏杆休息一下,梁晓丽却 "花容失色" 地拦住了他,转而从包里掏出一包湿纸巾,小心翼翼地将栏杆擦了一遍,才放心地让他把手放上去。这一个细节,最终俘获了曹翔的心,他觉得找到这样一个妻子,是自己的幸运,以后的生活,终于可以变得有条有理了。

可是结婚没多久,曹翔原本暗自庆幸的心情就一落千丈。在只有不到一百平米的房子里,梁晓丽竟然列了数十条 "规则":禁止水珠溅落在洗手间台面上,如若出现,第一时间使用抹布擦拭干净,不允许任何水迹的存在;禁止在餐厅饭桌之外的任何地方吃任何东西;禁止使用她所专属的饮水杯之类……

看着这些 "细致入微" 的条款,并被妻子严密 "监视" 着执行,曹翔唯有苦笑,观念保守的他不想成为离异人士,也就只好 "享受" 这种待遇,但是有时候却不免会带来尴尬。

妻子的规定中有一条:禁止随意坐卧家中沙发。这让他们的沙发成了一个摆设,为了防止丈夫粗心忘了规定,沙发上总会有意无意地摆满了东西。自己在家,坐在规定中的椅子凳子上也就罢了,可是每当同事、朋友登门拜访的时候,一进门，必须套上一次性鞋套，然后看着摆得满满当当的沙发，只能礼貌性地"小站"一会儿，即匆忙离去。

如果这些还能忍受，那么梁晓丽对待孩子的态度，却让曹翔大为光火。

孩子出生以后，梁晓丽强忍着喂了三个月的奶，便毅然给孩子断了奶，把他送到了爷爷奶奶家。每次去看孩子，她也总是先回家换好旧衣服，因为她怕孩子什么都摸的"小脏手"碰到自己。为了这事儿，曹翔嘴皮子都快磨破了，也发生过激烈的争吵，但是妻子却是"咬定牙关不放松"，没有一丝"舐犊情深"的样子。

在梁晓丽的条条框框下，结婚四年，曹翔竟然有一半时间不敢回自己的小家。去父母家住几天吧，怕父母担心，他只好四处到朋友家"借宿"，面对朋友们的规劝，虽然他只是委婉地笑笑，但是内心深处，却越来越感到了悲哀。

在一次朋友聚会上，曹翔正跟多年未见的好友酒酣耳热之际，忽然收到妻子的一条信息："我真的不希望你晚上回来！我会很累！"曹翔愣愣地端着手机，面对朋友的询问，他只是摇头苦笑着。因为他知道，妻子发这条信息的原因，是每次自己洗完澡后，她都要进到洗手间，将浴室的墙面和地板仔细地擦拭一遍，如果自己回家太晚，她甚至会收拾到凌晨而耽误了休息。

自己的妻子，竟然不希望丈夫回家，这样的事情，怎么能说出口呢？在和众朋友的觥筹交错间，曹翔对自己的婚姻做出了最后决定……

点评：

在这段不成功的婚姻中，或许妻子的行为有些过分和夸张，甚至已经发展成了一种心理疾病，但是也为我们敲响了感情的警钟，帮我们划下了保持"整洁"的警戒线。

舒适、整洁的最终目的，是为了享受爱情的甜蜜和亲情的美好，当一个本应温馨的家，变成了丈夫眼中不带丝毫温情的宾馆，当本该一团和气说说笑笑的夫妻感情，变成了似乎是住客和服务员之间的那种关系时，婚姻，也就注定了会迎来一个不良的结局。

15. 整容先过 "丈夫关"

女为悦己者容。如果女性刻意打造出的美,得不到伴侣的欣赏和肯定,那么女性的付出又有多大的意义呢?

陆志远追韩婷时,连韩婷自己都觉得受宠若惊,因为陆志远是学校里的明星级人物,长相俊朗,性格活泼,还身兼学生会主席的职务。而她呢,除了成绩优异之外,似乎再也找不出引人注目的地方。但陆志远就是哑巴吃秤砣,铁了心地要跟她好。他无视围绕在身旁的芸芸美女,始终如一地坚守着这份恋情,并在毕业后与韩婷步入了婚姻的殿堂。婚礼上,有朋友同这对新人开玩笑,说他们是"女才郎貌",陆志远哈哈一笑,没有放在心上,韩婷却难以释怀。

婚后的日子很甜蜜,两人都有了不错的工作,生活上也配合得相当默契,只是在韩婷的内心深处一直藏着隐隐的不安。她觉得自己相貌平平,与丈夫站在一起很不般配。尤其是看着丈夫日渐成熟,举手投足之间抹去了以往的浮躁,散发着稳重的魅力,她更加自惭形秽。即使是再恩爱的夫妻,在婚姻生活里也不可能没有摩擦,一次,小两口拌了几句嘴,韩婷忍不住掉下了眼泪,陆志远打趣说:"别哭了,你看你,一哭眼睛都找不见了,而且鼻子又矮,擦鼻涕多费劲啊!"丈夫本来是想逗妻子笑,没想到却在不知不觉中戳到了她的痛处。

陆志远在工作中表现出色,上司认为他是个可造之材,决定带他去欧洲出差,为时三个月,他自然很兴奋,韩婷也为他高兴,另外,她在心里悄悄做了一个大胆的决定,那就是利用这三个月进行一次整容,等丈夫回来,给他一个惊喜。

三个月一晃而过,陆志远风尘仆仆地赶回来了。当他打开家门,突然一愣,手中的行李掉到了地上。站在他面前迎接他的是一张美丽的脸庞,大眼睛,高鼻梁,但却是陌生的。一瞬间,他以为自己走错了门,正讶异间,对方朱唇轻启,笑吟吟地说："怎么，没见过美女呀？"脸虽陌生，声音却再熟悉不过了，不是妻子是谁？妻子兴奋地将他拉进家，一面对他做出甜美的表情，一面问他漂不漂亮，并讲述着自己是如何费尽心思"美容"的。陆志远望着摇身一变的妻子，只觉得脑袋里空空的，说不出话。晚上，妻子风情万种地向他示好，他却丝毫没有反应。

韩婷怎么也没有想到，自己给丈夫精心准备的"惊喜"变成了"惊吓"，从那天起，原本谈笑风生的丈夫在她面前变得沉默寡言，并拒绝再与她一同外出，更别提和她一起回家探望父母了，而且，两人不再有夫妻生活。甜蜜的家庭蒙上了阴霾，韩婷意识到了自己想变得美丽，却反而将事情弄巧成拙。她问询丈夫的想法，丈夫痛苦地说："每天早上醒来，看着你这张明星脸，我要花很长的时间才能把你和从前联系起来，说服自己这就是我的妻子。以前咱们共同度过的那段青涩岁月，本来是我最美的记忆，可是现在，它们越来越模糊，我有时甚至感觉自己像是做了一场梦……你整容后别人都不认识你了，还以为我再婚了，我要一遍一遍地向他们解释，我越来越害怕别人看到我们在一起……"

几个月后的一天，陆志远离开了，只留下一张纸条，他在留言里说，他实在难以接受整容后的她，就让他们分开一段时间冷静一下吧……

点评：

在盛行"人造美女"的今天，整容早已突破了人们的思想禁锢，受到众多女性的欢迎。但有调查显示，六成男性反对自己的伴侣整容。心理专家提醒，如果女性在整容前没有和伴侣沟通好，会对男性造成心理伤害，严重的还会导致男性出现心理障碍。

一个真正成熟、迷人的妻子应该更多地修炼自己的内在魅力，更多注重社会自我和心理自我方面的完美，这才是树立自信的根本之法，也是让伴侣更欣赏自己的根本所在。因此，妻子在整容之前应先与丈夫做好沟通，了解他的想法，这样才能在整容和婚姻和谐中找到平衡，否则就会适得其反。

16. 病床之前莫薄情

徐先稳是只农村飞出来的"凤凰",他 17 岁离开山村,只身到城里打拼,什么杂活儿都干过,一边打工一边学习,靠着一己之力,他通过自考获得了国际贸易专业的学位。有了正式的工作后,他仍坚持勤奋刻苦的作风,动辄加班到深夜一两点。而立之年,他的事业登上了第一个小顶峰,同时他结识了当地的女孩程昕。年龄上,程昕比徐先稳小 7 岁,她是个典型的城市女子,打扮时髦,思想前卫,她对徐先稳的经济能力、个人性格都很满意,两人一拍即合,确立了恋爱关系。徐先稳应程昕的要求,在市中心买了一套住房,不久,二人即举行了婚礼。婚后的徐先稳仍是个工作狂,他生性淳朴,怕妻子上班太累,再说家里也不缺她那点工资,便建议她辞掉工作,在家专心做好孕前保养,妻子欣然接受。

半年后,在徐先稳的期待中,妻子终于答应给他生个宝宝,兴奋之余,他工作更加努力了。没想到,天有不测风云,他突然觉得浑身乏力、不思饮食,还时常发低烧。一开始他也没当回事,以为自己是太累了,休息几天就会好,但过了一段时间,病情不但没有好转,反而更加严重了。他咳嗽不断,面色潮红,偶尔还发高烧,直到一天清晨,他咳出了血丝,这才意识到问题的严重性。去医院一检查,他的心沉了下去,医生说,他患上了肺结核,应抓紧住院治疗。更让他不能接受的是,以往缠绵有加的妻子,对他的态度却来了个 180 度的大转弯。

起初,妻子以担心传染影响生育为由拒绝陪床,徐先稳只有拖着病体独自在医院空守,看着病友都有家人的呵护,而自己却不得不吞咽从食堂打来的饭菜,他苦不堪言。经过一周的积极治疗,医生确定他的肺结核传染性已经排除,但妻子仍拒绝到医院探望他。在这个偌大的城市,徐先稳举目无亲,无奈之下,他只有给远在老家的父母打电话。见公公婆婆来了,程昕这才不情愿地跟着到了医院,可她捂着鼻子离丈夫远远的,脸上的嫌弃之色显而易见。望着心疼得掉泪的父母,再望望薄情的妻子,徐先稳凄苦地闭上了眼睛。

父母来到医院就忙前忙后,徐先稳认为在他们的感召之下,妻子能够有所转变,但程昕仍我行我素,在他住院期间,她经常连个电话都不打。面对父母,徐先稳强颜欢笑,但他的内心深处,已渐渐对自己的婚姻失去了信心。

一个月后,徐先稳康复出院,面对健康归来的丈夫,程昕又变回了以前的那个她,活泼开朗、小鸟依人,而被她伤透了感情的丈夫却不冷不热、态度漠然。不久后,徐先稳得到了公司的提升,薪水增加了一倍,妻子鼓掌欢呼,兴致勃勃地计划着未来的美好生活。可她并未如愿以偿,因为丈夫已经不再将她列入自己的未来,他递给她一纸离婚协议书,说:"那场大病让我看透了你,既然你这么无情,那我也只好无义了。"……

点评:

患难见真情。夫妻之间不仅要分享健康快乐的生活,更要分担病魔来袭的折磨。工作上的困难丈夫可以一肩担起、独自克服,但身体若出现了不良状况,妻子则应当义无反顾,挺身而出,共同与丈夫面对病魔,战胜疾病。如果妻子对生病的丈夫冷漠相待、不闻不问,就会彻底伤害了他的感情,这样一来,婚姻关系也就不会长久了。

17. "女强人"也要"小鸟依人"

　　陈东的妻子孟静是个典型的女强人,年纪轻轻就当上了企业的高管,平时办事风风火火、派头十足,仿佛这个世界上就没有难得倒她的事儿。夫妻俩都是花钱大手大脚惯了的人,有这么一位"上得了厅堂"的妻子,陈东的生活负担小了很多,但生活的质量不能仅仅依靠物质来满足,除了金钱之外,他更希望孟静能潜下心来扮演好妻子的角色,而不是家里家外都那么强势、干练。但妻子似乎并不能完成这个角色的转换。

　　陈东是个 IT 男,在 IT 行业里也算个小小的精英,挣钱不比妻子少,但他工作的形式和妻子大不相同。他每日的工作内容就是趴在电脑前,一双手再忙碌也仅限于小小的键盘,而且他工作也没个固定的点儿,经常晚上熬夜,白天睡觉。他很享受这种自在的时间安排,但模式化的妻子却看不惯。她动辄就用领导的口吻教训丈夫,说他这种"宅男式"的生活方式有多少缺点与不利,陈东说:"老婆呀,我可不是你的员工,平时家里大事小事的决定权已经全部交给你了,理解、呵护妻子的义务我也都履行了,你就不能给我留点人身自由权吗?"妻子却充耳不闻。面对妻子的强势,陈东真正体会到了"鸭梨山大"。

一次，陈东的朋友们来家里玩，几个男人在一起谈起自己的"贤内助"，听着他们讲述自己的老婆是如何如何撒娇、如何如何顺从，又是如何如何打点他们的衣食住行，陈东一阵羡慕。结婚一年多了，他从未见过妻子"温柔的一面"。妻子刚好在这个时候回来了，陈东忙做介绍，一边摆出"大男人"的架势，向妻子猛使眼色，希望她能"贤惠一把"。妻子却拿出她交际应酬的那一套，给客人们倒茶递烟地寒暄着，又像想起了什么，回头对丈夫说："来客人了你还愣着做什么？还不下厨去炒几个好菜招待人家呀！"陈东一阵流汗，只好讪讪地去了厨房。以后，朋友再见了陈东，都会一脸羡慕地说他有个能干的老婆，但陈东却觉得他们话里带着幸灾乐祸的味道。

因为性格原因，夫妻俩也有过不少摩擦，不过都是些小打小闹，并未伤及婚姻的稳定。不久前，夫妻俩第一次不可调和的矛盾降临了。孟静已经30岁，她想要个孩子，陈东当然求之不得，而且他还满心希望妻子当了母亲后，会多一些"母性的光辉"，改改她那个强势的脾气，但妻子接下来的要求却让他大跌眼镜。妻子要求他把精力由工作转到家庭，当一个全职的"家庭煮夫"，等孩子生下来，除了给孩子喂奶，其他事情都交予他"全权处理"，这其中包括换洗尿布、孩子哭了他要哄，孩子半夜起来他负责照顾等任务。陈东火大了，说："你这是什么意思？孩子生下来你只喂不养，你还算个什么母亲？"孟静振振有词："我们都有自己的事业，有孩子之后，总不能交给保姆照顾吧？我经历怀胎十月、分娩之痛才能把孩子生下来，我要付出的已经够多了，难道你还要让我放弃自己的事业？"陈东说："生孩子本来就是女人的天职，我倒是想十月怀胎，可是我得有那个构造啊！你拿这个来说事儿，也太不公平了吧！再说了，你一个女人，不照顾家、照顾丈夫就算了，现在连孩子都不想照顾，一心只想着自己的事业，你妻子、母亲都做不好，事业再强又有什么用？"孟静愤怒地瞪着丈夫，又拿出了她那副领导的语气："我已经决定了，要不你就听从我的意见，要不你就别想要孩子，你自己看着办吧！"

夫妻两人为这个问题僵持了半年，越闹越厉害，家里硝烟不断，最终，面对妻子的无理要求，陈东只能选择离婚。

点评:

随着女性越来越多地参与社会事务,并且与男性一样挣钱养家,人们的传统观念也在发生变化,普遍接受了"妇女能顶半边天"的论断。但在一些男性的心中,对"女强人"还是望而却步的,因为夫妻两人总有一个"主内"的,尽管近几十年来女性的地位得到了很大的提高,受中国传统文化的影响,"夫权"仍被大多数人看作是不二的权威。即使有些丈夫为妻子放弃了一部分"夫权",那也是因为爱这个家庭而委曲求全。所以,身为一个妻子,即使你是个事业上的"女强人",也要把事业和婚姻分开,回到家,就扮演好妻子的角色,展现女性特有的温柔与贤惠,这样,才不会让事业毁了你的婚姻。

18."老夫少妻"更在情

自古以来"老夫少妻"、"皓首红颜"的搭配模式，无论是在虚拟的作品里还是在柴米油盐的现实生活中，都比"金童玉女"配来得更具眼球杀伤力和话题吸引力，但当一个正值妙龄的女孩，遇到一个年华老去的男人时，究竟如何才能永葆婚姻之树长青呢？

李婷婷认识陈健是在和几个朋友一起吃饭时，那年她才21岁，大学还没有毕业，而陈健则过了不惑之年，已经46岁了。吃完饭后两人互留了手机号，随着联系的逐渐频繁，李婷婷的清纯可爱深深吸引了陈健，而陈健虽然只拥有一家小公司，资产不是很多，但是风趣睿智的谈吐和成熟男人的细心，也经常让李婷婷内心泛起层层涟漪。在李婷婷毕业后，冲破双方家人的层层阻拦，两人走进了民政局登记处的大门。

李婷婷虽然年纪小，但是很懂事，平常很关心丈夫，守着这样一个"娇妻"，陈健暗自庆幸，虽然有时候妻子会有一些小脾气，他也把它当成了调剂生活的小插曲。

可是，年龄差距造成的现实矛盾却是无法回避的。李婷婷在大学的时候人缘就挺好，朋友多，会经常出去玩。陈健不喜欢她这样，但是也不敢说得太重，害怕妻子反过来让他一起去。他们那个年轻人的圈子，陈健真的融不进去，更重要的是，有时候两人一起出门，经常会被误认为是一对父女，这让两人都很尴尬。

有的时候李婷婷做得比较过火，只给丈夫发个简短的信息，说晚上不回家吃饭了，和谁谁谁出去，偶尔她还会回家很晚，甚至还喝酒。每当这时候，陈健就忍不住说说她，她听烦了，就大声嚷嚷，说丈夫就跟老头似的唠叨，老管着她，还一再强调说她知道自己已为人妻，但围城内并不意味着失去一切自由。陈健想自己比妻子大许多岁，毕竟自己老了，不能干涉她太多，也就忍让了。

一味地娇惯忍让，使得李婷婷的脾气越来越大，尤其在怀孕后，她的"小性子" 更是到了一种无以复加的程度。

按照医生的嘱咐,在怀孕三个月后孕妇要多走动走动,陈健特意选了一个春光明媚的周末,打算陪着她出去走走。早上陈健起床后收拾完了,边看电视边等着妻子起床。可李婷婷竟然一觉睡到了 11 点。陈健只好先做了午饭,原本的想法只好作罢。

吃完午饭,陈健又提议下午出去玩一会儿。李婷婷犹豫半天,看着外面的大太阳不想去。最后,在陈健的一再恳求下,妻子才看在丈夫"可怜"的份儿上,勉强同意出去。

可是临出门,风波陡起,两人又闹起了别扭。

李婷婷换好衣服一出来,就吓了陈健一大跳。她居然穿上了短裤。这个时候还算是春末夏初,虽说已经不冷了,但是对一个孕妇而言,短裤确实不是适宜的装束。陈健严令她换掉,可李婷婷却美美地向他展示,说这是上礼拜她刚从网上买的专门给孕妇穿的,保健医师都说了,这个季节可以穿。陈健又是一番苦口婆心劝说,当听到丈夫说感冒了也不能吃药时,她才又嘟着嘴撒娇似的让陈健帮她换上长裤。看着变着脸嘟着嘴的妻子,陈健只好又做了一次"穿衣保姆"。

日常生活中的这些事儿,陈健可以忍让,但是晚上的夫妻生活,却让他有些瞠目结舌不知该如何应对。按照他的那个年代,怀孕后再有性生活,对孩子和大人都是没有好处的。但是李婷婷却不同意,她说科学家都说没事,何况她身边的朋友偷偷告诉她亲身体验过是没事的。所以每次被妻子折腾得禁不住诱惑之后,陈健都会有点后怕,再看妻子那边,却早已经呼呼大睡。"家是心灵的港湾",可是陈健盯着已经入睡的妻子,却觉不出一点的轻松和舒适⋯⋯

点评:

俗话说,当爱情遇到年龄时,年龄就不是问题了;当年龄遇到爱情时,爱情也就不成问题了。但是"老夫少妻"的爱可以持续多久?他们的婚姻是充满幸福甜蜜终其一生,还是给双方带来沉重的负担而转瞬即逝?或许,李婷婷和陈健的婚姻经历,能给那些"老夫少妻"们一点儿警醒。

婚姻保鲜红绿灯（妻子篇）

二、夫妻修养

《圣经》里面说，想要别人怎样对待你，你就要怎样去对待别人。夫妻之道，千言万语，似乎可归纳两个原则，一是"努力使自己被对方欣赏"，二是"努力去欣赏对方"。获得欣赏与给予欣赏的方式有千千万万，但其最基本的，就是要加强自身修养。修养是涓涓清流，它能浇灌爱情之花，能使婚姻之河绵绵不绝。

1. 追求时尚莫 "放浪"

赞美一个女孩，"时尚"是很入耳的，多少女孩子在听到这种赞美的时候，心里都会沾沾自喜。但是"时尚"的真正定义是什么？尤其是对于一个已婚女人，时尚代表的又是什么呢？

易峰是一名小学老师，曾经有过一段短暂的婚姻，离异后一直过着单身生活。在一次同学聚会中，他遇到了大学同学杜晓，在学校的时候易峰对杜晓表白过，但当时杜晓并没有答应。六年不见，当年腼腆内向的杜晓已成了现在能说会道八面玲珑的售楼中心经理，变得更富有女人味道，清秀脱俗，妩媚风情。得知杜晓并未结婚，易峰展开了攻势，没费多大功夫就讨得了对方的欢心。

或许是上学的时候没把太多的时间放在妆扮上，现在的杜晓变得无比追求"时尚"了起来。在工作闲暇之余，她经常跟比她小的小姑娘们讨教，该怎样搭配衣服、流行哪一个款式等等，晚上回家，也会拿出大段时间趴在电脑前一家又一家地逛网店，淘她喜欢又便宜的东西，偶尔还会帮丈夫淘换一两件。

对妻子的这种爱好，易峰开始还是比较欣赏并支持的，杜晓的年轻活力似乎将他离异后的阴霾一扫而光，他似乎又回到了大学里那个指点江山挥斥方遒的青年时代。但是渐渐地，易峰就觉察出了一丝异样的味道。

随着时间的流逝，杜晓对"时尚"的追求越来越疯狂，所购买的服装也越来越难入丈夫的眼，露背装、露脐装、透视装、低腰裤、一步裙……她将所谓的"性感"服装统统淘回来，并一件一件地穿上让易峰发表意见，易峰的观念本就不那么开放，看到她穿这些衣服，虽然没有说什么，但是心里却颇有微词。

杜晓平时上班只允许着正统工装，所以这些"暴露装"只有在难得一遇的休假期才能穿。每当休假，杜晓顾不得休息，跟打了兴奋剂一样拉着易峰就往外跑，易峰知道，妻子是为了展示自己的"潮流"。每当走在大街上，路人投过来的异样的目光都让他有一种如芒在背的尴尬，可是妻子却充分享受着这种"百分之百"的回头率，并将自己视为"时尚达人"。

非但如此，就算回易峰的老家，杜晓也"持之以恒"地如此打扮，数九严寒滴水成冰的季节，非要光着腿穿一双靴子，再配上一条花里胡哨的超短裙，上身是双峰若隐若现的小款外套。这身服装要是放在大城市里，本也无可厚非，但是易峰的家乡是北方的农村，为了妻子的身体着想，也迫于家人、乡亲的审美眼光，易峰让她换一身衣服，杜晓却打定了主意，非这些衣服不穿，甚至以不跟他回家为要挟。无奈之下，易峰只好带着她回家"享受"了一圈父老乡亲的"注目礼"。

回来后好几天，易峰都难以挤出笑容面对妻子，可是这件事儿还没过，杜晓又不知从哪里听来的"新时尚"，要去拍"裸体写真"，嚷嚷着要"留住自己美好的身体"。一听这个，易峰终于爆发了，他历数了妻子荒唐的一系列"时尚"之后，却发现妻子迷惑地瞪着他，就像看一个外星人一样，她也不明白丈夫为什么非要限制自己的"爱美之心"。

"裸体写真"还是去拍了，拿到相册后，杜晓跟捧着宝贝似的看了好几天，连睡觉都不舍得收起来，进入梦乡前一定要看上几眼，易峰懒得跟她一起发疯，她就自己赞叹几句，才面带微笑地睡去。

易峰拿她没办法，也只好听之任之，但他对妻子的表现，越来越感到疲惫了。没想到，杜晓的又一个举动，让他从疲惫跌入了绝望。

这还算是"裸体写真"的余波。拍完照片后，除了对自己身材的赞美，杜晓还一直对摄影师的摄影水平赞不绝口，说只有一个优秀的摄影师，才能发现她的美丽之处。开始易峰也没当回事儿，但是久而久之，他发现妻子在休假的时候再也不生拉硬拽着他出门，而是打扮得花枝招展地自己一个人外出，也不告诉他去哪里。心生疑窦的易峰在一次跟踪后终于发现了其中奥秘，自己的妻子竟然跟那个摄影师在一家咖啡厅里谈笑风生……

回家后，面对易峰的咄咄逼问，杜晓还跟没事人一样地告诉易峰，摄影师只是她的"蓝颜知己"，不存在什么出轨不出轨的问题，被问急了，她说道："就算出轨，那也是'精神出轨'，我的身体没有背叛你！"一直到接过易峰起草的《离婚协议书》,杜晓还是想不通自己的"时尚"到底错在哪里……

点评:

杜晓的"时尚"错在哪里? 错就错在她自以为是地扭曲了时尚的含义。

所谓时尚,是追逐潮流的高品位生活,追求时尚,也是一门高深的"艺术",需要注重品质与美的感受,不只是在物质方面。如果像杜晓那样,片面地去理解并践行"时尚",仅仅停留在浅层次的"跟风""复制"上,非但不会给人以时尚的感觉,还会被打上"浅薄"、"不检点"的标签。

2. "情敌"并非是"死敌"

这是一个习惯错误,有人喜欢将丈夫的恋人、女友称之为"情敌",其言的确过甚。即使我们纵容这种谬误,也要诚恳相告:万万不可视自己的"情敌"为"死敌",否则,其患无穷。

莫远阳是一名大学化学系的副教授,四年前,经人介绍,他认识了比他小五岁的张晓雯。大专学历的张晓雯,是个"家庭型"的女人,正是莫远阳想找的那种类型,两个人交往了一段时间,相携走进了婚姻的殿堂。一年后,他们有了一个聪明可爱的儿子,成为了典型的现代三口之家。平日里这个小家庭很温馨,只是有一点让莫远阳感到万分头痛:莫远阳一与别的女性接触,妻子就如临大敌,尤其是对丈夫的"情史",她更是耿耿于怀。身为一名温文尔雅的大学副教授,莫远阳偶尔会受到一些女生的爱慕,张晓雯为此很是争风吃醋。有一次,一名女生给莫远阳发了一封表白倾慕的 E-mail,张晓雯发现后,以丈夫的口气给这个女生发了一条短信,约她在大学门口的一家咖啡厅见面。女生如约而至,发现咖啡厅里有许多同学在场,而订好的桌前坐着的却是师母张晓雯。在同学面前,张晓雯揭露了女生的秘密,并恶狠狠地骂了她十几分钟,女生羞辱难当,夺门而出,一个月后,传来了女生辍学的消息。这件事在学校里引起了轰动,莫远阳虽事先并不知情,但心里愧疚万分,他严厉批评了张晓雯,狡黠的妻子低头承认了错误,莫远阳心头一软,也就不再追究她了。

莫远阳的初恋女友是他的大学同学,叫韩琳,两人有共同的爱好,本来很有希望步入婚姻的殿堂,只是韩琳是个"事业型"的女子,对莫远阳来说,她更适合做工作上的朋友,所以,两人最终和平分手,渐渐地没有了联系。但在一次学术研讨会上,两人又不期而遇。研讨会结束后,张晓雯查看丈夫的相机,一个面孔引起了她的注意。她一眼就认了出来 —— 这是丈夫的前女友。虽然这张照片是几个人的合影，但张晓雯就是无法释怀，而且，看着照片里韩琳玲珑有致的身影，再想想自己产后肥胖的体型，敌意渐渐充满了她的心底，同时，一个罪恶的计划也悄然酝酿出来。

由于工作关系，韩琳还要在这个城市停留一个月，张晓雯坚持要求丈夫邀请对方来家里坐坐，对于妻子的一反常态，莫远阳很是奇怪，但他拗不过妻子，也就只好顺从了。韩琳第一次到家里吃饭，张晓雯热情万分，打消了对方的尴尬，一晚上的时间，两人俨然成了朋友，接下来的日子里，张晓雯不断给韩琳打电话邀请她吃饭，韩琳经不住她的热情，只好一次次登门造访。可是，很快韩琳就发现不对劲了：自己一天天胖起来，增肥的速度超乎寻常。专业的敏感让她意识到了问题所在，当张晓雯又一次邀请她时，她悄悄溜到了厨房门口观察。眼前的情景让她不敢相信：张晓雯竟拿着一袋猪饲料往她碗里"加料"！猪饲料里含有催肥剂，这就是她的体重直线上升的原因！

被当场抓了个正着，张晓雯无法狡辩，事后，尽管她一再向丈夫认错，并拿出儿子当"护身符"，但丈夫给她的答复，只有一张离婚协议书，他说："你这样的女人太可怕，儿子有你这样的母亲也是一种灾难。"

点评：

在感情生涯里，"情敌"是许多人都无法避免的遭遇，但既然丈夫选择了与你结婚，就说明在他的心里，你有着"情敌"没有的优点，你又何必庸人自扰呢？而且，每位丈夫都希望自己的妻子是善良的、宽容的，如果因为"情敌"的存在，你就剑拔弩张，甚至不顾道德的底线去伤害别人，这不仅消除不了你内心构建的"婚姻隐患"，相反，还会给婚姻划上裂痕，让丈夫对你"敬而远之"，最终亲手将丈夫越推越远。

3. "低头认罪"又何妨

　　赵波出生于一个传统的家庭，父母都是严以律己的人，受他们的影响，赵波也习惯于有错就改，但妻子李小华却和他大不相同。李小华性格倔强，又死要面子，处处都要占上风，是个宁撞南墙也不回头的主儿。每当夫妻俩发生矛盾，明明错在她，可她打死都不肯承认。赵波认为，"一山不容二虎"，夫妻之间总有一方要强势些，他是个大男人，应当拿出宽广的胸襟，忍忍也就过去了，所以每次遇到这种情况，他通常表达出自己的意思、客观地指出妻子的错误就够了，不会逼她认错，但好强的妻子连"指错"都不能接受。每次看着妻子强词夺理地论证自己"无错"，把歪理说得头头是道，嘴巴比较笨的赵波都恨得牙根儿痒。举个例子：他俩在一起炒菜，赵波问妻子放盐了吗，妻子明明顺手放了却一时忘记说没放，等吃饭时赵波发现菜能咸死一头牛，他说妻子不该那么粗心，妻子却拒不承认，脸不红心不跳地说丈夫口轻。小事都这样，大事就甭说了。这类情景多了，李小华大概自己也觉得站不住脚，她很"聪明"地改变了方针，凡事喜欢模棱两可。比如夫妻俩又一起炒菜，赵波问妻子放盐了吗，妻子再次忘记自己放没放，她会说，我怎么知道你放没放。这种回答很艺术，因为即使事后发现盐又放重了，她也可以理直气壮地说粗心的是丈夫，而不是自己。

　　李小华的这种小聪明当然不可能时刻管用。丈夫虽然嘴笨，但并不是个傻子，凡事都看得很明白。时间长了，他的不满自然也就越积越多，两人经常因为一件小事争执不下，进而演变成大吵大闹。平静下来时，赵波推心置腹地对妻子说："其实你只要说一声你错了，我们完全不至于吵架。认个错就那么难吗？"妻子却倔强地冷哼一声，转身走开。

　　一次，李小华又犯了个不小的错误，丈夫严肃地对她说，只要她不主动认错，两人就这样冷战下去。冷战对于耐不住寂寞的李小华来说是很难受的，但她宁愿这样僵持着,等丈夫先来哄她。可这次丈夫似乎真的铁了心,一周过去了,仍对她不理不睬。李小华忍不住跑到酒吧消遣,没想到,在她深夜独自回家的路上遇到了一伙小混混,将她的手机、财物洗劫一空。遇到这种情况,本来应该第一时间向丈夫求救,但她想起丈夫的话,却执拗地不肯先低头。心有余悸的她不敢再一个人走夜路了,身上又没钱打车,只好厚着脸皮去了附近的一家麦当劳坐到天亮。第二天,她又步行了一个多小时才到家。回到家里,她发现丈夫一脸疲惫地坐在沙发上,原来,丈夫见她一夜未归,手机也打不通,担心她出了什么意外,一整晚几乎找遍了大街小巷。当丈夫得知她遭到了抢劫,急忙问她有没有受到欺负,被这么一问,李小华的眼泪流了下来,开始后悔和丈夫冷战。突然,她又想到钱包里有自己的银行卡和身份证,夫妻俩急忙赶到银行,可惜,为时已晚,存款早已被洗劫一空。李小华惊吓加心疼,忍不住放声大哭起来,赵波却没有责备她,他抱着妻子安慰道:"人没事就好,以后要记住,不论怎么赌气,都别在外面过夜。"丈夫的宽容感动了李小华,她意识到,自己真的错了,是自己的死要面子拒绝认错才酿成了这场意外,自己是在自讨苦吃。

点评:

经常看到这样的帖子,说婚姻有两条规则:一、老婆永远是对的;二、如果老婆真的错了,请参见第一条。本来是博人一笑的条目,许多女性对其却大为推崇,甚至奉为人生信条,让丈夫照办。其实,这种想法是很幼稚的。两个人想长久地过日子,犯错是难免的,关键在于面对错误的态度。由于习惯因素,妻子"无理抢三分"可以被适当原谅,丈夫要不予计较,保持"绅士"风度,但这仅仅限于一定程度。若妻子一味地"责夫丝发全非,辩己分毫都是",就会让丈夫觉得不可理喻,渐渐失去耐心。若遇上一个脾气好的丈夫还算幸运,也许他能等到妻子终有一天醒悟,改过从新,但若遇上一个耐心较差的丈夫,那妻子迟早会失去这段婚姻,最终只能自酿的苦酒自己喝了。

4. 莫要争当"严管妻"

有些女人喜欢主持家政，当"严管妻"，由于女人温柔、心细，相对比较严密，多管一些家务事、多关照一下丈夫无可厚非，但是，把握不住度，管严了、管死了，往往会事与愿违，适得其反。

谈恋爱的时候，李鑫华就领教了程丽的"厉害"。他学的是药物制剂专业，毕业前夕，在一家制药厂实习，工资虽然不多，也够他"挥霍"一段时间的，但临到月底，他总是成为"月光族"。一次，他又当着程丽的面抱怨没钱了，程丽当即做了一个决定：他的钱归她管。李鑫华起初不同意，但是架不住程丽的软硬兼施，终于答应了。从那以后，李鑫华暂时告别了"挥金如土"的日子。半年后，他无意中提出了换一部手机的想法，第二天，程丽就递给他了一部刚刚上市的新手机。看着呆若木鸡的李鑫华，程丽笑着解释，买手机的钱，都是平时从他工资里"克扣"的。

毕业、工作，一直到结婚以后，李鑫华依然将"财权"完全交给妻子，并跟同事笑称，"妻管严"其实是一种享受。可过了短短一年，他的态度就慢慢发生了变化。

可能是错误地理解了丈夫的褒奖，也可能想表现得更能勤俭持家，结婚后程丽对"财政管理"苛刻到了一种近乎疯狂的程度。她规定，每人的工资必须统一管理，甚至连奖金也不例外。所有"财政收入"，都由她定量分配，尤其是对丈夫，量化到以天计数，基本标准是，零花钱每三天十元，大项开支必须申报。在单位里，别的同事没事喜欢打打牌、请请客，而李鑫华因为"囊中羞涩"，从来不敢去凑热闹，时间一长，很多同事都当面喊他"妻管严"，久而久之，李鑫华已经远离了同事间的集体活动，变得越来越沉默，越来越孤独，甚至患上了轻微的抑郁症。

除了"财政大权"以外，程丽几乎垄断了两人世界的所有权利。一些小的事情，比如换衣服、看书等等，都要概略汇报；而大一点的事情，譬如参加应酬什么的,都要详细汇报;购买大的物品,则要书面汇报。在程丽看来,当好"严管妻"是一个享受"权利"的过程,也是家庭建设的一种方式;可是对李鑫华来说,这种管理确实苦不堪言,令人难受。鉴于妻子泼辣的性格,他也不敢跟她吵,实在憋得慌了,就以加班为由,在单位多待一会儿,甚至写好汇报稿,回家交完"作业"倒头就睡。

这样的次数多了,程丽就起了疑心。她是做护肤产品直销的,时间非常充裕,到了下班点,她就悄悄溜到丈夫单位门口,偷偷地"跟踪"李鑫华。有一次,李鑫华出来的时候,恰巧遇到一个女同事,两人因为顺路就走了一段路程,这个场景正好被程丽看在了眼里。

回到了家,她就开始"审问"丈夫,见问不出个所以然,她又一把抓起丈夫的手机翻看通信记录,最让李鑫华受不了的是,她竟然按照电话号码,一个一个地用座机打回去听听对方是男是女。最后,她强逼着李鑫华立刻辞职,李鑫华不愿跟她吵,又不能动手,只好敷衍她,程丽也不傻,听明了他的话音,当即喝令他:"你必须马上辞职,现在就打电话!"

一怒之下,李鑫华摔门而去,打算到朋友家住几天,可是程丽的电话更快,刚进朋友家门,朋友就往回撵他,说再不回去,程丽就在家寻短见了。

缓缓地走在路上,这座不夜城灯火辉煌,歌舞升平,李鑫华却在酝酿着一个离异的计划⋯⋯

点评:

有人说,妻管严妻管严,"管",是一种对丈夫的责任,"严",是一种对丈夫的爱,但是当管得太多太严了,不给丈夫留一点呼吸的空间,这个时候,丈夫还会心甘情愿地让你继续"管"下去吗?

妻子的心中一定要长鸣警钟,丈夫,首先是需要自尊需要空间的一个独立体,而后才是一个能够给你爱并被你爱的丈夫。

5. 劝君善待"负心郎"

"人非圣贤,孰能无过",每个人的一生中,总会犯几个错误,尤其是两人在一起过日子,免不了犯这错那错,但是犯了错该怎样对待与处理,就是一门需要探讨的学问了。

宋凯在大学里学的是中文,性格比较感性,而妻子辛雪玲则是会计专业,人聪明,思维比较有逻辑性。两人是高中同学,虽然高考后上了不同的大学,但是一直保持着密切联系,大学毕业那一年,宋凯终于捅破了他们之间的那层窗户纸,向辛雪玲求婚,而辛雪玲也欣然答应了。

结婚后,宋凯在一家 DM 杂志社上班,辛雪玲在一家房地产开发公司做会计,虽然不是同一个单位,都是早出晚归,但下了班或节假日,两人在自己的小天地里也其乐融融。

因为收入都不高,所以他们商定暂时不要孩子,这样有滋有味地过了两年,每天都是上班下班吃饭睡觉,重复着简单机械的生活流程,天长日久,日子就渐渐趋于平淡了。

宋凯在大学的时候就热衷于写东西,内心深处一直有个文学梦,虽然现在在杂志社也整天写稿子,但是那些格式化的东西远远满足不了他内心的创作欲望,于是他开了一个博客,闲着没事儿,就把一些随笔之类的文章贴上去。由于更新速度快,他又经常去踩别人的空间,博客的人气一天高过一天,在博客圈里也算小有名气。

随着"粉丝"越来越多,宋凯也变得越来越忙,每天下班回家,就一头扑在电脑上查看访客记录。就在这时,一个名叫"八零后傲公主"的不速之客闯进了他的博客。一篇一篇地读完那个女孩的日志,宋凯被她细腻的笔调和深邃的思想深深吸引住了,于是从给对方留言评论,到留下 QQ 号,再到拥有了对方的手机号,两人的联系越来越频繁,称呼也越来越暧昧,有时候甚至超出了普通博友的界限,短短两个月时间,宋凯就陷了进去不能自拔,对妻子的态度也明显冷淡了起来。

从这些蛛丝马迹,辛雪玲也察觉出一点不好的苗头。趁着周末,她开始了对丈夫的"审讯"。宋凯是文科思维,哪能对付得了会计出身的辛雪玲啊,在一阵炮火"轰击"下,他的破绽越来越多,没几个回合就宣告"失守",坦白交代了与"八零后傲公主"交往的始末。

听完这些,辛雪玲仍然觉得丈夫瞒着她别的事情,非要检查他的手机,架不住妻子的眼泪攻击,宋凯乖乖地将手机放进了妻子手里。辛雪玲一条条地读着两人的信息,她伤心地发现,有些话,竟然是宋凯当年对她说过的。没等看完,她就将手机狠狠地摔在了地上,大吵大闹起来。

看着被气得浑身发抖的妻子,宋凯内心也悔不当初,他态度坚决地保证不再跟那个"八零后傲公主"继续暧昧的联系,辛雪玲却突兀地停下哭声,恨恨地说:"怎么算不暧昧的联系,你现在就给她打电话,告诉她,从现在开始,你跟她断绝一切联系!"宋凯想了想,这件事确实是自己的不对,总不能为了一个"心有灵犀"的陌生人,而断送了自己的婚姻啊,又加上妻子哭闹声的"加压",他最终拨通了"八零后傲公主"的号码,当着辛雪玲的面说出了断绝联系的话。

他本以为妻子闹过这一阵就会消气,他们的日子还会像以前那样平淡而又安稳地过下去,但是没想到辛雪玲紧紧抓住这件事不放,时不时地就提一下。无论是家人、朋友还是同事,只要有别人在场,辛雪玲总会不厌其烦地重复着"八零后傲公主",甚至还会逼问丈夫一些细节或哪一句具体的话是怎么说的,这经常让宋凯面红耳赤,下不来台。

当着别人的面说这些,还勉强可以当做一种玩笑或调侃,可有时候两人在家,辛雪玲也会突然冒出一句。经常在晚上睡觉时,宋凯想跟妻子温存一下,刚要亲吻妻子,辛雪玲却一下子摁开灯,盯着丈夫的眼睛问:"关着灯,你没把我当成那个'八零后傲公主'吧?"宋凯好不容易营造起来的气氛,瞬间就会荡然无存,时间久了,他甚至患上了性功能障碍。

除了不间断地重提这回事,辛雪玲对丈夫的"看管"明显严格了起来,博客已经在她的要求下"搬家"了，新密码也是她设置的，手机铃声每次响起，辛雪玲总会第一时间抓过手机"审查"一番，遇到陌生号码，她就一个劲儿地追根问底，非让丈夫说出个所以然，不说明白就旧事重提，说明白了也依然疑窦丛生。

没有了最起码的信任，也没有了哪怕一丁点儿的个人隐私，还时不时地被算算"旧账"，在妻子的"围追堵截"下，宋凯是有苦难言，稍微顶一句，"八零后傲公主"就又出来了。

终于，宋凯忍受不了了，当辛雪玲又一次想看信息时，宋凯不给，两人产生了激烈的争夺，最后，手机的屏幕被捏碎，宋凯的手也被扎破了，看着支离破碎的屏幕和血迹斑斑的手指，宋凯陷入了长时间的沉默……

点评：

对于一个合格的妻子，你如果真正爱你的老公，就不应该一味盯着他的缺点错误不放，更不应该戴着有色眼镜看待犯错误的丈夫，把他拒之门外，而应该坦诚地宽容地对待他的过错，并尽可能地寻求解决的办法。夫妻之间越是包容、宽恕对方，双方的关系就越发协调，路也就越走越宽，这是所有夫妻都应该铭记的道理。

6."撒娇娇"也要"分火候"

"撒娇娇",是女人展示自己魅力的一种天性。往往,恋爱中撒娇,如同一朵激情的浪花;结婚后撒娇,如同一杯醉心的美酒。可是,撒娇也有撒娇的学问,倘若不合时宜,浪花会成为浊流,美酒会成为污水。

孟菲从小到大都是人们眼中的美女,大家对她赞美不绝,宠爱有加。在大学期间,她的追求者蜂拥而至,络绎不绝,这一来,让她不知不觉中把自己当成了一个彻头彻尾的"娇娇女"。而作为众多追求者之一的刘亮,正是看中了孟菲撅着小嘴娇嗔的可爱模样,在经历了一番"穷追不舍"之后,终于将她揽进了自己怀里。

从恋爱到婚后,孟菲在刘亮跟前撒娇,已经成为了家常便饭,她撅小嘴、扭屁股,嗲声嗲气,娇娇滴滴的样子,让刘亮犯腻。孟菲近似轻狂的撒娇,经常闹得刘亮难堪。

刘亮毕业后留校当了讲师,可以说是年轻有为,短短三年的时间,他的研究课题就在一次全国性学术研讨会上得到了评委的一致通过,为学校也为自己捧回了金奖。在学校举行的庆贺酒会上,作为获奖者家属,孟菲也花枝招展地来了,她的惊艳美丽,自然吸引了众人的眼球。

可是变故陡生,就在刘亮做完感谢致辞,走下讲台的那一瞬间,孟菲猛地扑到他身上,旁若无人地给了丈夫一个响亮的亲吻,然后小鸟依人般地靠在了刘亮的身边。在如此肃穆庄严的场合,做出这样亲昵的举动,认识刘亮的朋友同事都露出了一丝难以掩住的笑意,这让刘亮感到如针芒在背,满面通红,他觉得无颜继续参加酒会,拉起孟菲匆匆离开了现场。

为了此事,两人狠狠吵了一架。但是没过几天,孟菲又闹笑话了。

刘亮的班级决定组织一次旅游，目的地是美丽的海滨城市青岛。从没见过大海的孟菲听说后，非要跟着一起去，刘亮被磨不过，只好同意了。

到了海边，一群人尽兴玩了一会儿后，计划围成一圈做游戏，孟菲却突然一屁股坐在沙滩上，非让刘亮给她揉腿按摩。

刘亮班上的几个女生一见她这个样子，都捂着嘴窃笑刘亮这位"柔弱似花"的太太。刘亮窘在原地，去也不是留也不是，非常尴尬，而孟菲又撅着嘴，一迭声地恳求丈夫给她从包里拿饮料拿面包拿防晒霜之类东西。她的话又引来了学生们的一阵窃笑。

刘亮实在受不了这种氛围，扔下发嗲的妻子，转身要回住处。孟菲却双眼含泪，搓着脚捶着沙滩大声质问道："难道你不爱我了吗？你为什么这么不在乎我啊？"

听着学生们的哄笑声，看着沙滩上陌生人戏谑的眼光，刘亮第一次开始反思自己的婚姻了：或许，当初她的可爱和娇嗔是一种错觉？也或许，这样一个"娇娇女"并不适合自己……

点评：

若说羞涩是女性对外辐射的天性，那么娇嗔则是妻子对丈夫表达爱情的特殊形式。娇媚的妻子在丈夫面前撒一撒娇，有时可激起爱的涟漪、情的浪花，从而升华夫妻间的亲密。

但是不分场合、不分时间的撒娇，却往往颠覆了撒娇的本来意义，给人以矫揉造作、修养不足的感觉，非但不能愉悦丈夫，甚至还会引起丈夫的反感，导致情感的悲剧。因此，"撒娇娇"一定要"分火候"。

7. 追求浪漫莫 "小资"

　　秦振华来自农村，1998年大专毕业后进了当地一家知名企业，因为学历低，只能拿学徒工的工资，除去租房、吃饭等日常开销，稍微有点结余，要买一件新衣服也得思量半天，因为经济条件差，个人问题一直没有解决。五六年之后，凭借勤奋好学，他一步步爬上了车间主任的位子，收入提高了不少，但这时的他已经年过而立，成了标准的 "剩男"，同事多次为他介绍对象，他都觉得不合适。

　　2006年底，在单位举办的舞会上，一个穿着靓丽、打扮入时的女孩引起了秦振华的注意，那是厂办新来的大学毕业生蒋晓雪。通过一段时间接触，他发现蒋晓雪对他也颇有好感，就委婉地向她表达了自己的爱意，没几天，两人的爱就如荒山野火，熊熊燃烧了起来。

　　热恋期间，秦振华发现，蒋晓雪的 "讲究" 有些不切实际，衣服一定要买名牌，真品买不起就买高仿的；喝咖啡一定要去高档咖啡厅，非星巴克不去；吃饭一定要进环境幽雅的饭店，普通的小饭馆连看都不看，更不用说路边小摊了。但在秦振华看来，她的爱打扮成了时尚，她的奢侈成了洒脱，她的讲究则成了 "小资"，总而言之，蒋晓雪是他心中完美无缺的 "心肝宝贝儿"。

　　结婚后，蒋晓雪的所有习惯都一分不差地保持了下来，没过多久，这些 "优点" 就开始让秦振华头疼不已。每周她都让丈夫陪她去酒店雅间吃几次晚餐，而且要在音乐中进餐。一个晚上，秦振华带着她在附近找了两家酒店，雅间都已满员，他想找个小饭馆将就一下，妻子却坚持要打车去十几公里外的酒店。秦振华紧皱着眉头，压着心中的烦躁陪着她去了。

　　进餐时，一听音乐是民族乐曲，蒋晓雪就逼着丈夫跟服务员交涉，换贝多芬的《月光曲》。秦振华想既然来了，就都顺着她吧，出去跟服务员说了说，回来后，雅间里却响起了肖邦的曲子。蒋晓雪不高兴了："连贝多芬和肖邦都分不清，去，让他们再换。"秦振华忍无可忍，"顶"了她几句，当晚，两人不欢而散，蒋晓雪一气之下回了娘家，走前留下话，不亲自登门赔礼道歉就不回家。后来，岳父为他"伸张正义"，将蒋晓雪撵了回来，但每周出去吃饭的程序，却依然保留着。

不但在"吃"上讲究，在"用"上，蒋晓雪也一直保持着高调。家里的毛巾、浴巾、窗帘、沙发套，隔上一段时间就得换，说是"换一种心情"，换下来的用来做抹布，用不了几天，就当垃圾扔掉了。

她喜欢喝咖啡，为此，秦振华特意买了一套专门煮咖啡的高档用具。这还不行，还得"在昏暗的灯光下，坐在高高的落地窗旁边，静静地看着窗外的车水马龙"喝，家里的房子是十年前的房型，哪有高大的落地窗啊。为了将阳台改成落地窗，两人不知吵了多少次架，秦振华最后甩手不管，蒋晓雪就亲自画好了图纸，找来装修工要改修，最后还是物业公司出面制止，她才心不甘情不愿地停了工。

秦振华虽说是车间主任，但工资也不是特别高，蒋晓雪只是普通职工，算是真正意义上的工薪族，又加上企业效益越来越不好，两人的收入加起来才区区几千元钱，哪能禁得起她这样的折腾？每到月底或有什么应酬，秦振华就特别犯愁，而一想到以后有了孩子还得多一块很大的支出，他内心的忧虑就又重了一层。

经济上的捉襟见肘就已经让秦振华够难受的了，还有一件羞于启齿的事儿，让他更加有苦难言。蒋晓雪也不知道从哪里听来的，说是夫妻在性生活时播放音乐，会大大提高性生活的质量，对身体健康也有帮助。她听了这个"研究成果"后非要尝试，而且一试就不罢休，更要命的是，她非逼着丈夫找准音乐的节奏！于是晚间入睡时，他们的房间里就经常会传出各种音乐，击打乐、管弦乐、交响乐……林林总总不一而足。

有一天，无精打采的秦振华躺在床上，蒋晓雪身穿一身丝绸的睡衣，袅袅婷婷地进入房间，轻轻摁下音响播放键，房间里立马激荡起了贝多芬的《第三英雄交响曲》，秦振华实在受不了了，他抓起枕头，狼狈地冲向了客厅……

点评：

在这段让读者忍俊不禁的婚姻中，蒋晓雪显然错误理解了"小资"的含义。就现今社会而言，小资已不再是资产阶级的代表，在历史的长河中，它已被演变成为一种生活情调与生活品位，并渗透着对生活和生命的一种感悟和理解，而非表面上的简单追求和刻意模仿，更不是像蒋晓雪那样，没有分寸不切实际地 "东施效颦"。适当浪漫可以增加生活情趣，但是不结合自身条件就去光顾 "浪漫"，非但享受不到宁静舒适的生活，还会给婚姻家庭蒙上一层不祥的阴影。

8. "烈女"不可太硬

张健和妻子陈燕恋爱的时候，很欣赏她的奔放直爽，她喜怒哀乐全摆在脸上，不似有些女孩那般矫揉造作，虽然她脾气有点冲，外号"小辣椒"，但张健是个很温和的人，轻易不会与她吵起来，所以，不管是在两人心里还是外人眼里，都觉得他们是一对欢喜冤家。可是，婚后，张建的苦恼却一点点来了。

陈燕脾气火爆、性格刚烈，什么事都得按照她的意思来，稍有不顺心，就跟颗炸弹似的，点火就着，经常是前一秒还好好的，后一秒就脸色大变，张健还没反应过来什么事呢，妻子手边的物品早已哗哗落地。张健常苦笑着说，再买家具得买不锈钢的，这样妻子摔起来既能听响儿，又不会造成破坏。他还给妻子做了总结：平时还算讲理，但一惹到她，她就摇身一变，成了"黑社会老大"，轻则破口大骂，重则拎着菜刀砍人。一个周末，张健和朋友约了去钓鱼，妻子却不同意。朋友登门找他，张健虽不愿惹妻子发火，但朋友都来了，他也不好失约，于是就收拾渔具准备动身。谁料妻子竟跑去厨房拎出一把菜刀，说你要是敢去，就等着回来给自己收尸吧。朋友哪见过这阵势，扭头就跑了。有一回，张健还真被妻子"砍"伤了。那天妻子因一句话不顺耳发起火来，张健越解释她就越火大，最后又挥起了菜刀。张健心想妻子只是吓唬吓唬他，不会动真格，谁知肝火旺盛的妻子没轻没重，拉扯中竟真在他小臂上划出了一条十几厘米长的口子，伤口虽不深，但也鲜血淋漓的。那时正值夏天，为了不让人看到，张健穿了一个月的长袖衫。

有了一次次教训，张健在妻子面前变得谨小慎微了，生怕再点爆了这颗"炸弹"。夫妻俩关上门，他挨她几句骂，吃她两脚踹，忍忍也就过去了，可对待亲戚朋友，妻子还这样"嚣张跋扈"、"匪气十足"，就让张健难以接受了。张健的父母居住的小区比较旧，冬天来了，房子的供暖系统却出了问题，怕父母挨冻，张健想接他们来自己家住几天，他事先与妻子商量，妻子表示理解，也同意了。但等二老来了,矛盾却接连不断。张健父母都是老实巴交的人,怕给儿子儿媳添麻烦,搬来之后,老母亲主动担起了做饭洗衣等家务。张健的父母口味清淡,尤其不能吃辣,婆婆做菜也就照着自己的口味来了,哪知,儿媳恰恰相反,无辣不欢。第一次做饭,老人没放辣椒,儿媳吃了几口,"啪"地一声摔了筷子,不中听的话像连珠炮似的轰然而出,张健忙向她解释,妻子却听不进去,大吵一顿后走进卧室狠狠把门关上了。从第二顿饭开始,张健的母亲每道菜都多放辣椒,而他们老两口则各自准备一碗白水,把菜放进去浸一下再吃。

老人年纪大了,爱唠叨也属正常。在儿媳面前,他们缩手缩脚不敢多说话,但与儿子独处时,两人就忍不住劝了起来,说他这样纵容妻子不是办法,两人要过一辈子的,这样下去,怕有一天会毁了这个家庭。没想到,三个人的谈话被外面的陈燕听到了,她一脚踹开门,对着屋里的人又是一阵大吼,吼完还不解气,她又抓起公公婆婆的衣服狠狠甩了一地,老人手足无措。望着战战兢兢的父母,张健愧疚难当,他忍不住和妻子打起来,两位老人在一旁拉劝,妻子愤怒中将婆婆推了出去,"嘭"地一声,老人撞上了门框,虽无大碍,但孝顺的张健却眼红了,他爆发了结婚以来与妻子的第一场真正的"大战",家里的摆设几乎被两人摔了个光。失去理智的陈燕大吼:"你连房子也拆了算了!"见丈夫不语,她真的冲进杂物间找出一把锤子就开始四处乱砸,拉也拉不住。邻居听到响动都来劝架,却敲不开门。大家了解陈燕的脾气,怕闹出大事,遂报了警,等警察来时,好好的房子已经千疮百孔了。

当晚,张健带着父母回到了老房子,陈燕也去了娘家,她本以为丈夫会来接她,没想到,一个月后,丈夫来了,却带着一纸离婚协议书……

点评:

家,是一个温暖、和睦的场所,是所有家人的避风港。一位聪明的妻子,就算她脾气再火爆,也不会动辄把家庭变成战场,整日硝烟不断。她会学会用爱、用包容去经营自己的家庭,让丈夫回到家时,有一种归属感,展现他最自然最放松的一面,而不是整日谨小慎微、如履薄冰。俗话说,温柔是男人不能挣脱的陷阱,妻子只要坚持住宏观的原则,在微观上则表现出女人"柔情似水"的特质,自然会牢牢"套"住丈夫,婚姻也就会美满和长久了。反之,若妻子凶悍难当,再美好的婚姻也会变了模样。

9. "淑女"不可太软

　　夏薇出生在一个知识分子的家庭,父母都是中学教师,从小她就接受着优良的传统教育,要做个体贴、温柔的"淑女"。他的丈夫杨兆鹏则恰恰相反,可能受矿工家庭背景的影响,他的脸上总是挂着粗狂、焦躁的神态。可能是性格互补的需要吧,夏薇竟然将他视为自己的梦中"情人",两个人一见钟情。起初,夏薇的父母不太同意这门亲事,因为杨兆鹏鲁愚有余文雅不足,不符合夏家夫妇的择婚标准;另外,还有一个原因,杨兆鹏家三代矿工,夏家夫妇觉得他们比知识分子矮一截。但是,当看到女儿铁了心要嫁给杨兆鹏,加之杨兆鹏家里很富裕,夏家夫妇也就默认了这段姻缘。就这样,夏薇与杨兆鹏相处了几个月,便借着北京奥运会的那股热风结了婚。

　　婚后,在最初的几个月里,夏薇一直沉浸在莫大的幸福中,她每天早起给公婆、丈夫做饭,伺候他们吃完,收拾好厨房,再赶去上班;下班后,她又要从单位直接去市场买菜,然后赶回家做晚饭。晚饭过后,一家人都窝在沙发上看电视,或各自忙自己的事情,收拾餐桌的活儿又全是夏薇一个人承揽了。起初夏薇还觉得挺满足,在母亲的培养下学会的一手好厨艺受到了婆家的肯定,收拾家务时也手脚利落,让婆家挑不出毛病,直到有一天,夏薇的幸福出现了第一道瑕疵。

　　夏薇的体质偏弱,每次来例假,都会伴有腹痛、乏力、食欲不振等症状,她实在不想再往市场跑,所以,头一天买菜时她买了两倍的分量,多余的放在冰箱里备用。可第二天,当她从冰箱里拿出蔬菜清洗时,却听到了丈夫的一声斥责:"你给我们吃剩菜?"

　　夏薇一愣,解释道:"不是剩菜,是昨天买好了。"

　　杨兆鹏皱着眉头说:"菜冻了一天还能新鲜吗? 你倒是可以不在乎,我爸妈也能不在乎吗?"

　　夏薇很委屈,她觉得丈夫的态度和话语太伤人了,但温顺的性格让她选择了沉默。有了第一次争吵，丈夫似乎刹不住车了，只要发现夏薇做事出现纰漏，他就会大发雷霆，更让夏薇伤心的是，公婆还经常在旁边推波助澜。夏薇越来越觉得委屈、窒息，但是从小的"淑女化"教育让她习惯了忍耐，每次她都会选择沉默和退让。渐渐地，夏薇觉得自己在家里的地位越来越微不足道了，有时倒像是一个佣人，家里的大小活儿她全部包揽，婆婆仅仅是比画比画，指导指导。由于家境富裕，很多衣服都是比较高档的，不能用洗衣机，夏薇要亲手洗。公公有吃夜宵的习惯，尤其爱吃肉，以前每次他吃完都会自觉收拾，但是后来，他不再动手，而是留下一桌子的骨头、残渣，等待着夏薇去收拾。

有一次，夏薇实在忍不住了，跟丈夫商量请个保姆，杨兆鹏却说："你辞了工作在家当全职太太算了，你挣那点工资，还不够给保姆发薪水呢！"夏薇终于爆发了："你娶我回来，就是为了让我当你家的廉价保姆吗？"

从小骄纵的杨兆鹏哪能忍受夏薇的顶撞，在争吵的火头上，竟然对夏薇大打出手，公公公婆却视而不见。打架后，夏薇怀着万千愤懑回了娘家。

虽然后来杨兆鹏亲自去接回了夏薇，但这个家庭显然已经出现了裂痕，又过了一年，矛盾愈演愈烈，夏薇的这段婚姻最终以悲剧收场了。

点评：

受传统观念的影响，有人把"淑女"看得高于一切，甚至曲解"淑女"的概念，将"淑女"当做温柔、贤惠或逆来顺受的代名词。其实，淑女绝不代表温良恭谦让，也不是封建礼教的殉葬品，它是新的历史条件下，女人在仪表、仪容、谈吐、举止和思维等方面的一种体现女性美的魅力，这种魅力，不是单薄的，而是复合的，必须具备个性、坚强和自立的元素，否则，所谓的"淑女"就成了"奴役"了。

在夏薇的婚姻里，她单方面包揽全部家务，并且对丈夫以及公婆的种种不公逆来顺受、一再退让。长此以往，他们就把她的付出和忍耐看成了理所当然，一旦她不按"乖顺"模式行事了，他们就认定是她的错，并无视她的尊严，对她大加打压。

其实，如果夏薇在婚姻的一开始就为自己争取合理的地位，不要怀着丈夫是"大男人"、自己是"小媳妇"的心态去给自己定位，在受到不合理的待遇时，能柔中带刚，及时为自己争取权益，事情就不会发展成后来的样子了。

10. "留守太太" 要守住寂寞

　　徐少航和潘冬雨是一对人人夸赞的鸳鸯，两人从小一起玩到大，在高中时即顶着"早恋"的压力奏响了甜蜜的小恋曲，并携手考取了同一所大学，整日同进同出，惹人艳羡。四年的大学时光眨眼间走到了尽头，这对小情侣不得不从无忧无虑的日子中抽身而出，转过头去面对未来。徐少航是个"船二代"，他的父亲是名老船长，按照老人的意思，他想让儿子上船磨练两年，回来后，即可直接进航运机关，月薪7000元起。这样的机会，别人求都求不来，况且徐少航是个孝顺儿子，不忍心让父亲失望，所以，尽管与恋人有着千般的不舍，他还是决定听从父亲的安排，暂时和潘冬雨分开一段时间，去船队当一名水兵。考虑到两人的以后，潘冬雨也很懂事，她没有反对徐少航的选择，只是，两人第一次分离，除了不舍之外，她心里还有一丝忐忑。她出身于一个普通的工人家庭，虽说她与徐少航的感情坚固，但徐少航的父母对她这个未来的儿媳一直不是很热切，两年后，她与徐少航的距离拉大了，谁能保证徐少航还对她一如既往？她把自己的担忧告诉了徐少航，徐少航哈哈一笑，说她傻，为了不让她胡思乱想，在离开之前，他与自己的父母做了沟通,两人先行领了结婚证,举行了婚礼。

徐少航的家教很严,他与潘冬雨恋爱了这么多年,两人亲密无间,但从未发生过越轨的行为,新婚之夜,他们将自己的第一次交给了彼此,甜蜜异常。一个月后,徐少航告别新妻去了船队,初尝人事的潘冬雨顿觉苦涩,却有口难言,再加上船队是执行秘密任务的,纪律严明,徐少航不能带手机,潘冬雨的满腹思念无处倾诉,她好像一下子由天堂跌入了冰窖。白天,她靠努力工作来转移注意力,可一到晚上,面对空荡荡的房间,她寂寞难耐,辗转反侧。

一次,公司组织聚会,一群人都喝了不少酒,接着又去 KTV 唱歌,有家属的同事叫来了家属,没家属的同事也借着酒劲儿依偎在一起聊表安慰,只有潘冬雨独自坐在角落里,一脸的落寞。这时,一位叫曾可的同事注意到了她,坐过来和她交谈,话匣子打开了便关不上,潘冬雨将这些日子的苦恼一股脑儿地倾诉给了对方。对方深表同情,温和地劝慰她,并在聚会结束后主动请缨送她回家。到了楼下,潘冬雨并没有请曾可上楼坐坐,第二天见到曾可时,态度也淡淡地,她告诉自己,曾可对她只不过是同事间普通的关怀,但在她心里,却似乎有什么危险的东西悄悄萌芽了。

潘冬雨的生日到了,徐少航特意请假外出给她打电话,并买了礼物邮寄给她,她却并不怎么高兴,甚至,她还在电话里与丈夫大吵一架,哭诉自己的难处,说你人不在身边,打电话有什么用,买礼物又有什么用……徐少航很愧疚,急忙安慰,但潘冬雨还是哭着挂了电话。她一个人在街头走了很久,反复地翻看着电话本,心头一阵阵茫然,不知该打给谁,直到曾可的名字跳入了她的视线。她脑海里不断闪现着曾可温和的态度和挺拔的身影,最终,她忍不住按下了拨通键。接下来的故事很素常,潘冬雨不停地诉说着自己的苦恼,似乎喝醉了,曾可送摇摇晃晃的她回到了家,然后,两人倒在了床上……

事后,潘冬雨很痛苦,她想过辞去工作,换个地方重新开始,但和曾可的关系就像吸大麻,让她痛苦不堪,也欲罢不能。就这样过了两个月,徐少航突然打来电话兴奋地告诉她,自己终于请了一个星期的假,下周就可以回家看她了。听着丈夫熟悉温柔的声音,潘冬雨似乎从梦中猛然惊醒,她意识到,自己犯了多么不可饶恕的错误。她纠结着,与丈夫这么多年的感情,她真的不忍心欺骗他,但如果她坦白交代,他能原谅她吗?

日子一天天捱过去了,徐少航欢欢喜喜地回到家,潘冬雨强作笑颜。晚上,当徐少航抱住她时,她忍不住流下了眼泪,一鼓作气,她将一切向丈夫坦白了。徐少航沉默着,没有说话,更没有动手,但潘冬雨知道,丈夫的这种神态,只有在最愤怒的时候才会表现出来。两人无言以对,直到天亮,迷糊中,潘冬雨听到徐少航走动的声音,她睁开眼睛,发现丈夫的人和包裹都不在了,桌上有一张纸条,说他先回船队了,这件事,等冷静一下再说吧。

多年纯洁的感情,就这样被染上了污点,潘冬雨不知道丈夫还会不会原谅她,她只能憔悴地等待着……

点评:

寂寞,是婚姻的一大杀手,尤其对于感情细腻的女性来说,它能在潜移默化中消磨掉夫妻之间的美满与幸福。这时,妻子若因一念之差,做出不该做的事情,寂寞不但不能消失,反而会如泥潭一般让人越陷越深,最终,夫妻感情为之破裂。做妻子的应当明白,婚姻不仅仅是甜蜜与厮守,往往,因为各种因素,夫妻之间还要承受寂寞与分离,这是对夫妻感情的考验。如果妻子守住寂寞,矢志不移地等待丈夫,夫妻感情自然会为之增深,相反,若妻子经不住寂寞的考验,为了一时的快感而失足泥潭,那么,最终的苦酒只能她自己品尝了。

11. "农村郎"又怎么了

　　曹雪是个土生土长的北京女孩,家境十分优越,她从未想过自己会跟农村人有缘,直到遇见了韩翔。就个人条件来说,韩翔英俊、高大,又是北大毕业的,修养、脾气都很好,是个优秀的夫婿人选,只是曹雪的亲戚朋友都不甚同意,因为他们听说过农村飞出来的"凤凰",身后一般都拖着一大堆亲戚,而且教育背景、个人习惯也与他们这些"城里人"不同。他们劝曹雪,嫁人还是应嫁"门当户对"的,但曹雪却不为所动,她认为,能找到一个与她真心相爱的人是不容易的,她应当珍惜,而且,爱一个人就要接受他的全部,包括优点和缺点,她相信,只要自己尽心尽力,就一定能克服种种困难。就这样,她不顾大家的阻挠,跟韩翔约定了婚期。

　　由于双方家隔得太远,两人的婚礼举行了两次,第一次在北京,第二次是在丈夫的老家。从小养尊处优的曹雪哪里坐过拥挤的火车?一路上,八个多小时,她的腿肿了起来,韩翔看到后很心疼,也很内疚。到了婆婆家,曹雪眼前的景象跟她在电视里见过的一样,土屋瓦房,猪舍鸡圈,村里人看她的眼神,跟看稀有动物似的。婚宴的排场也让曹雪大跌眼镜:宴席摆在露天的胡同里,那些亲戚每家顶多给100块钱,却一家老小齐上阵来喝喜酒,那一群群的孩子,将宴席弄得一团糟,韩雪看着这一切,只是笑脸相迎。晚上,公婆给新婚的小两口安排了家里最好的房间,可是还有一页玻璃是碎的。韩翔在脸盆里倒了热水让曹雪泡泡脚,曹雪担心这个脸盆是公用的,但为了照顾丈夫的情绪,她还是做出很享受的样子。住了三天,亲戚们不断上门,尤其是韩翔的两个姐姐一个哥哥,他们不断地苦诉自己生活困难,说他们把韩翔供应到大学毕业,现在韩翔还娶了个北京媳妇,应该报答他们了。其实,曹雪与韩翔的新房都是贷款买的,曹雪又是个习惯独立的人,不接受家里的帮助,所以,刚结婚的两人根本没剩下多少积蓄。看着丈夫为难的脸色,曹雪主动表态,一家赞助2000元,给公婆4000元。

回到北京，韩翔有些不安，尤其是在岳父岳母问起回老家的情况时，他更是抬不起头，怕曹雪说起这一万块钱，但曹雪却只字未提。晚上，韩翔与曹雪谈心，曹雪趁机说："老公，你真的很优秀，但是我总觉得你内心有一种挥之不去的自卑感，我知道你是在担心你的出身。其实这完全没有必要，因为别人怎么看我不管，但是我，作为你的妻子，不会因为你的农村出身而看轻你，至于其他人，有本事他们也人人弄一张北大的学位证书呀！'农村郎'又怎么了，他们倒是家境优越，能力却比你差远了！"听着妻子的话，韩翔很感动。

曹雪早就看过许多城市女孩嫁给农村丈夫的案例，其中，最让她们头疼的就是丈夫的那些亲戚了。韩翔也对曹雪说过他老家的情况，家里兄弟姐妹四个，只有他爱读书，这些年，他读书的钱都是哥哥姐姐们支援的。现在，他有出息了，家里人觉得可以依靠他了，也是合情合理的。因此，对于家里人的要求，只要不是太过分，他都希望曹雪不要反对。曹雪很理解，但是她也有自己的观念，她认为，报答、帮助他们是应该的，只是人人都应自立，不能让他们把韩翔当做靠山。

没几个月，韩翔跟曹雪说，他的大哥要来小住几天，而且可能还会借点钱。哥哥来了，他告诉弟弟弟妹，现在家乡都流行养奶牛，他跟他们嫂子商量了，想来借8000块钱周转一下，也养上两头奶牛。曹雪想了一下，和气地问道："大哥，养奶牛是件好事。不过，我想问一下，养奶牛的地方找好了吗？知道怎么调配饲料吗？村子里的兽医水平怎么样？"这一堆话说完，大哥一下愣住了，半天才讷讷地说："这些我还没来得及想……"曹雪冷静地说："这些都得想想，还有，村里还有多少养奶牛的，你是抢了先机，还是落在后面，还有多少可以挖掘的客户，附近乳品厂经营状况怎么样，大家对他们的牛奶是否认可……这些都得回去跟嫂子一起好好地看一看，然后你把信息都搜集好了告诉我，我给你写一份计划书，如果你和嫂子觉得合适，我就出6000元钱，不是借给你，而是入股，咱们一起来养奶牛，赚的钱我们只要四分之一，亏的钱对半摊。你觉得怎么样？"大哥看着曹雪，点点头，第二天就急匆匆地往回赶了。一周之后，他打来电话，接受了曹雪的建议。而曹雪也在必要的时候，利用北京丰富的信息资源，给予他们一些技术支持。看着曹雪的表现，韩翔吃惊地说不出话，他由衷地夸赞道："媳妇儿，你真厉害，这样做，他们得到的利益远远大于这6000块钱，而且你也解决了咱们的困境啊。当时我还想,咱们每个月还三千多房贷,本来就没有多少存款,再借给他们8000块钱,如果养奶牛亏了,咱们也不好意思要,他们也挣不了钱啊。"曹雪笑道:"授人以鱼,仅供一饭之需,授人以渔,才能让人终生受益嘛!"

曹雪还和韩翔定了一个标准:每年资助老家的钱,不能超过一万五,其中包括给老家父母的5000元养老费,4000元支援大哥的养牛大业,还有6000元,用来资助哥哥姐姐的孩子们上学。由于曹雪的这套"援助策略",韩翔老家的那些亲戚在受益之余都很满意,对她赞不绝口。

对于两人的结合,曹雪的家人一直不是很满意,因此在他们面前,韩翔总有些畏手畏脚,小心翼翼。而曹雪呢,她一面在家人面前大力赞扬丈夫的能力,一面私下里鼓励丈夫,帮丈夫打气,时间长了,韩翔的表现越来越稳重,举手投足之间都散发着一种得当的自信感,他的岳父母对他也渐渐另眼相看了。韩翔常常说,能娶到曹雪是他一生中最大的福气,他加倍地上进,立志要让曹雪过上最幸福的生活。两年过去了,小两口的日子越过越好,烦恼也越来越少,两人计划了一下,准备要个宝宝了。

点评:

婚姻中的"城乡结合"一直以来都是个热闹的话题,不少案例都显示出,城市女性在嫁给农村丈夫后,不可调和的矛盾越来越突出,最终甚至导致了婚姻的破裂。其实,若理性地去分析这些案例,就会发现案例中的女性大都有一种莫名其妙的优越感,面对丈夫及其他的家人时,总觉得自己是大小姐,不能受丝毫的委屈,即使她们的农村丈夫要比她们优秀很多,但在她们的内心深处,还是觉得自己"高人一等"。她们不能接受、容纳丈夫的那些"非城市化"的个人习惯与亲戚关系。

作为"农村飞出来的凤凰",丈夫能靠自己的努力,混得跟"城里人"一样风光,甚至比"城里人"更加优秀,这恰恰说明了他的能力,当妻子的应当觉得敬佩与骄傲才是。另外,丈夫的农村教育背景让他在发达之后懂得报答家人的恩情,与那些不孝的纨绔子弟比起来,他的品德又是多么地优良,"城市背景"的妻子如果觉得自己比"农村娃"有素质,就应拿出自己的胸怀,得体地对待丈夫的亲人,这样,丈夫才会对妻子更加爱护,家庭也才能更加幸福。

12. 善待你的"清贫郎"

陈星亭来自于一个清贫的家庭,父亲早逝,母亲坚持供应他读书。大学里,他与同学周帆恋爱了,那段日子,是他一生中最美好的时光,他暗暗下定决心,要全身心地去呵护自己的恋人,给恋人幸福。陈星亭一边读书,一边勤工俭学,他与周帆一起读到研究生毕业,周帆决定结束学业开始工作,而陈星亭为了将来有更好的发展,选择了继续拿下博士学位。恋爱了这么多年,两人顺理成章地举行了婚礼,然后,一个忙碌学业,一个忙碌事业,分工挺明确。

婚姻是油盐酱醋的实在日子,与风花雪月的恋爱截然不同。陈星亭虽是个在读博士,但每月只有一千多元的补贴,他学的又是生物专业,做起实验来没个点,经常在实验室忙到后半夜,因此,他也想过找个兼职挣钱,却一直找不到合适的。此外,已经工作的周帆思想却在悄悄发生着转变,她对物质的要求越来越高,经常在丈夫面前抱怨,说同事们都穿名牌、开私家车、住大房子,而她却穿着一百多块钱的衣服,每天坐公交车上班,两人的婚房也是每月一千二租来的一居室。

从大学开始,陈星亭就不再向母亲要钱了,他勤工俭学得来的钱以及他的奖学金,除了用来交学费、应付必要的生活开销,其余的都花在了周帆身上,因此并没有存款。而周帆呢,她自从参加工作,小金库越来越丰满,家庭开支她担负了一大半,在丈夫面前,经常趾高气扬的,让丈夫觉得很有压力。不知从什么时候开始,两人的关系发生了微妙的变化,陈星亭觉得自己有愧于妻子,而周帆也不再以有个博士丈夫为骄傲,她经常挖苦丈夫,说他是"清贫博士"。

有一次,周帆问丈夫周五晚上有没有空,她的公司要搞一场联欢会,希望有家属的都携家属参加。陈星亭很积极,他把该做的事情都提前做好,并且还跟同学换了实验时间,为此,他两晚没睡觉。可当一切都准备妥当时,周帆却改变了主意,她闪烁其词地劝丈夫在家休息,陈星亭究问原因,她才吞吞吐吐地说,为了要面子,她告诉同事丈夫已经博士毕业,收入很高,她知道丈夫不会撒谎,如果到时候说漏了,她怕在同事面前抬不起头。听着妻子说出真相,陈星亭半晌无语。恋爱时,他对妻子的爱护、体贴在同学之间是出了名的,大家都羡慕周帆有福气,周帆也很骄傲,不管什么活动,都要带上陈星亭,可谁知,工作后,周帆对他的看法竟然有如此翻天覆地的变化,不再以他为荣,反而以他为羞,难道就因为他还不能挣钱吗?看着妻子一件件地挑着衣服与配饰,把他晾在一边不理不睬,仿佛正为晚上不用带他参加联欢会而松了一口气,陈星亭的心里一阵阵往上冒酸水。妻子走了,陈星亭独自徘徊在冷清的家里,身心疲惫不堪,却睡不着。他不断地到窗口瞭望,期待妻子回来的身影,接近十一点,妻子出现了,她从一辆黑色的轿车中钻出来,优雅地向车里的人挥手告别。看着妻子要强的神态,再想想家里的实际情况,陈星亭很为妻子感到心疼。

回到家,陈星亭问妻子,送她回来的是不是她的同事,妻子点头,然后又开始絮絮叨叨地说同事几乎各个都开私家车,害得她下班时都躲开同事自己走,而且租的房子这么小,她也不好意思请人上来坐。陈星亭一阵沉默,妻子看看他,突然热切地说:"咱们自己买个房子吧。"陈星亭吓了一跳,问道:"买房子,哪里有钱?"妻子说:"我自己已经存了一点钱,这些年你都没跟家里要钱,家里肯定有存款,你再让你妈支援五万,然后跟亲戚朋友再借五万。"陈星亭为难地摇摇头:"我妈已经够辛苦了,按理说我这么大了,该每月给她赡养费才是,怎么能再跟她要钱?那些亲戚,我上学的时候就已经帮了我不少了,现在跟他们要钱买房子,明摆着一两年还不上,我实在开不了这个口啊。"周帆把脸一拉,说:"那你说怎么办?你不工作,是不知道挣钱的辛苦,我每天在公司应付那些虚伪的同事关系,挣点工资容易吗?你以为工作还像上学那么轻松?你一个大男人,把养家的重担交给老婆,你能心安理得吗?"这些话,像针一样句句刺进陈星亭的心坎,他无言以对。

买房子的话题暂时放下了,陈星亭百忙之余,尽量抽出时间回家打理家务,想尽其所能地替妻子分担一些压力,但妻子却并不领情。她越来越不喜欢和丈夫说话,一开口,就是冷言冷语。过了几个月,周帆对陈星亭说,广州的总公司要调个人去当部门经理,这是个很好的机会,她已经提交了申请表,并且差不多能通过了。两人从恋爱到结婚，从没有分开过，面对妻子的决定，陈星亭预感到，他们的感情也将随着这次分离而步入低谷，他问妻子非去不可吗？妻子振振有词，说不去能怎么办？家里就她一个人挣钱，想要生活得更好，她必须往高处飞。她还说，陈星亭要再过一年才能毕业，她指望不上他。

去广州的手续办得很顺利，周帆满怀激情地登上了飞机，陈星亭目送着她，直到飞机离开他的视线，第一次，他落下了泪。

天有不测风云，周帆没想到，自己刚到广州就发起了高烧，接连几天都不退，去医院一检查，医生告诉她患上了肺炎。公司得知情况后，让她安心养病，并通知她，已经派了另外的同事代替她的位置，等她病好后，可以回到原来的分公司继续工作。周帆的心凉了，她无法接受这个事实，歇斯底里地哭着给丈夫打电话，丈夫闻讯，没有任何犹豫，第一时间赶到了广州。祸不单行，就在医院旁边的路口，急于见到妻子的陈星亭闯了红灯，被一辆汽车撞了个正着……

两天后，当脸上带着淤青、腿上打着石膏的丈夫出现在病房门口时，周帆愣了，知道了事情的来龙去脉，她放声大哭起来。在她被隔离的那几天里，陈星亭天天拄着双拐，去食堂为她买爱吃的饭菜，望着丈夫的身影，再想想自己对丈夫的态度，周帆懊悔不已，她流着泪向丈夫道歉，说自己不该那么不懂事，不理解他的苦衷，丈夫心疼地抚摸着她的脸，说："不要再自责了，你也是因为生活压力太大了。你来广州，不也是为了让我们的生活过得更好吗？你在我心里的位置，是谁也不能替代的，等咱们康复后，乖乖跟我回家，请相信我，等我一毕业，一定加倍地补偿你，让你过上真正舒心的日子……"

点评：

一个有责任心的男人，自尊心同时也是很强的，当他们遭遇"清贫期"，不能养家糊口，他们的心里就会承受很大的压力，这种时候，妻子的体谅与关怀就成了他们冬天里的火炉，能带给他们光明和温暖。如果面对不理解他们、甚至讽刺挖苦他们的妻子，他们还能一如既往地对妻子爱护、关心，这样的丈夫，妻子应当珍惜，等度过了那段艰难的时光，夫妻之间的感情会得到升华，而那段相濡以沫的日子，也必将为婚姻增添不灭的光彩。

13. 修养,是美丽的"霓裳"

陶求是名哲学系的教授,他与小他四岁的许心澜可以说是青梅竹马,两人在一个院儿里长大,从小就是玩得最投机的一对伙伴儿,两家的父母经常开玩笑,说要彼此结成亲家。长大后,陶求出外求学,并不断进修,许心澜一家也搬走了,两人就此"分道扬镳"。转眼间,陶求步入而立之年,却一直寻不到合适的结婚对象,一个偶然的机会,他与许心澜不期而遇,一交谈,得知对方也是单身。两人有着友谊基础,很快就走到了一起,并于2009年举行了婚礼。

许心澜是个公认的大美女,她相貌动人,身材曼妙,再加上追求时髦爱打扮,不管走到哪儿,都能吸引一大群人的目光。对于妻子的"硬件",陶求很满足,只是,妻子一开口说话,分数就大打折扣了。两人恋爱的那段日子,彼此都有所收敛,而且谈的话题大都是小时候的事儿,陶求并没有察觉双方有太多的隔阂,但结婚后陶求发现,妻子关注的都是些时尚八卦,对其他事情一无所知,不仅如此,她有时还会蹦出一两句粗俗的话,并称之为"野性"。

妻子酷爱热闹,最喜欢参加聚会等场合,每逢陶求有什么活动,她都要跟着。一次,陶求的同事过生日,妻子又跟着他去参加宴会了。席间坐的都是些有学识的人物,他们所谈话题都很有高度,许心澜插不上嘴,在一旁很是焦躁。好不容易逮到一个机会,当有人提到国家主席时,许心澜嘴里急忙蹦出了一句:"江泽民啊,还行吧!"热闹的气氛瞬间安静了,大家都诧异地看着她,好在他们都比较有修养,及时岔开了话题。只有陶求铁青着脸坐在那里,一言不发。回到家,陶求把包往沙发上一摔,恨铁不成钢地对妻子说:"我不要求你学富五车,也不要求你每件国家大事都了解,但是,你的常识也不能这么匮乏吧?你怎么能连国家主席是谁都不知道?"许心澜不以为然地说:"国家主席跟我有什么关系?你整天看那么多书,能当饭吃?"陶求反驳道:"那些明星们跟你又有什么关系?你整天关注这个离婚了，那个整容了，有什么意思？"许心澜也火了，说："你看不惯我，我还看不惯你呢！恋爱时你说我比明星还漂亮，现在你又来装清高了！"听着妻子的话，陶求觉得她真是不可理喻。

夫妻没有共同话题，陶求认为这样的婚姻是很危险的，他劝妻子，说美貌是上天赐予她的礼物，她是应当好好珍惜，但外在美毕竟是短暂的，内在修养的魅力才是永恒的，妻子却听不进去。他给妻子提供了许多书籍，妻子看都不看一眼，仍整日热衷于买名牌服饰、搜寻高档化妆品、与朋友结伴去做美容。陶求对此很是无奈。

身为一名颇有学识的教授，陶求经常应邀去外地讲课，报酬很丰厚。而许心澜呢，她虽有出众的外貌，但却不是个能干实事的主儿，一直没有个像样的工作，结婚后，她干脆辞了职，丈夫一要出差，她就跟着去玩。这次，丈夫要去济南，许心澜自然不会"缺席"。在济南的文化市场，两人信步踱进一家不起眼的书店，在一堆处理的旧书堆中，陶求意外地发现了一本寻找已久的《红楼梦》，那是70年代"文革"时期，人民文学出版社出版的，繁体字，一套四册，而眼前的这本，正是他缺的第三册。他急忙抓在手里，这时，电话响了，他只好让妻子付款。没想到，妻子却自作主张，给他换了本《红楼梦》全册，神情还得意洋洋的，等着他夸奖呢。他顾不上理她，急忙回到书店，可是，店主告诉他，那本书已经被另一个人买走了。陶求失望到了极点，心情一落千丈。

就这样，渐渐地，夫妻俩的关系越来越僵。发觉了丈夫态度的变化，许心澜也挺担忧，但她讨好丈夫的方式无非就是化彩妆、穿漂亮衣服、戴名牌首饰，将自己打扮得跟朵花儿似的。她不明白，别的男人见了她都眼前一亮，变着法儿地跟她搭话，可偏偏丈夫就对她视若不见。对着镜子，许心澜研究自己的五官，她竟然认为，可能是自己的嘴唇太薄了，不够性感，勾不起丈夫的兴趣。她决定，去美容院整容。等到拆了线，许心澜看着镜中的自己抓狂了，她想象的"性感唇"竟变成了"猪婆嘴"。她不敢见丈夫，编了个出去游玩的借口，到处找那些男性朋友询问自己模样怎么样。没想到，那些原本排着队请她吃饭的男性，见了她之后都借故推脱，千方百计地躲着她。许心澜心凉了，一直备受异性追捧的她终于明白，那些异性看中的只是她的外貌，一旦她失去了美丽的资本，她身上再也找不出一点吸引人的地方。她失魂落魄地回到家里，等着丈夫的最后"判决"……

点评：

正如陶求所说，美貌是上天赐予的礼物，但外在美是短暂的、肤浅的，一名真正有魅力的女子，应当像一本书、一杯茶，读之不倦，越品越香。对于女性来说，比美貌更重要的是内在的修养与气质，只有内心丰满，才能由内而外地散发出恒久的迷人气息。相反，如果女性只是注重外表，内在却空洞、浅薄，那么她的美就只是一种禁不起推敲的视觉效果，就如昙花一样，转瞬即逝。

14. 要贤"慧"不要贤"惠"

女人要贤"慧"不要贤"惠"，不是所有的女人都懂得这个道理。她们不知道时代发展了，女人传统的美德也会跟着发展，内涵会发生变化。她们一味的温柔体贴已经远远跟不上时代的需求，在信息万变、观念层出不穷的新时代，一成不变的贤惠有时候会给人"忠厚得可怜、善良得愚昧"的感觉。女人必须明白，贤是天性，是品德，而慧是才智。在婚姻问题上，只有两者紧密结合，才算是真正掌握了驾驭婚姻的本领。

韩慧云中专毕业后，应聘到一所大学当上了图书管理员。对那些前来借书的"天之骄子"们，她是既尊重又羡慕，态度也特别好。在借书的大学生中，她经常看到一个有些单薄瘦弱的身影，借书还书的频率很高，而且往往一个月都不换件外套，茫茫人群中，她总能一眼找到他，通过他的借书证，韩慧云得知他的名字叫苗勇。

认识交往了三个月，两人就确定了恋爱关系。苗勇的老家在农村，经济条件不是太好，每年交完学费后，他的生活费就几乎没了着落，只能靠做几份兼职贴补一下。谈恋爱后，韩慧云用自己的工资承担了两个人的所有花销，还攒下了一部分，留着苗勇交学费之用。

在她的无私帮助下，苗勇终于可以安心于学业了。他也很争气，毕业后被学校保送去读研究生，研究生毕业后又考上了另一所学校的博士。这期间，两人登记结婚了，苗勇的身份由男友到丈夫，再到儿子的父亲，完成了所有的角色转换；她也由一个中专生奋斗成一个有着大专学历的计算机技术员，由一个乖乖女变成了一个家庭当之无愧的顶梁柱。为了完成丈夫跳出"农门"的夙愿，韩慧云包揽了家庭中的所有事情，孩子她教育抚养，家务她趁下班空闲时间做，就连换煤气交水电费,她都不舍得让丈夫插手。

苗勇的父母身体不好,他又是独生子,公婆一住院,韩慧云就得请假带孩子回家照顾老人,虽说老家离得不远,但总这么跑来跑去,韩慧云经常累得身心俱疲。自己父母那边也是抱怨连连,因为自从结婚以后,两位老人非但没见过几次姑爷的面儿,就连女儿也是一年回去一两次。每次她往家打电话,也只是匆匆忙忙地问候几句就挂断了。

最严重的问题还是出在儿子身上。苗勇很少回家,回去也只是暂住几晚,就算在这么短的时间内,他也对儿子不闻不问。时间一长,儿子竟然不认识自己的父亲,见了他就跟见了陌生人一样,缺少了父爱,儿子的性格中也多了一丝女性的阴柔而少了男孩应有的阳刚,在幼儿园里经常受小朋友的欺负。

幼儿园老师找韩慧云沟通,说应该让孩子多跟父亲接触接触,她却依然怕影响了丈夫,选择了自己承担并解决这个问题。"好在老公快博士毕业了,到时候,一切就都好了。"每当她累得喘不过气的时候这样想想,心里就会有一股暖洋洋的感觉,似乎看到了美好的未来。

倏忽又是三年已过,苗勇终于毕业了,韩慧云以为终于可以休息休息,享受一下有老公庇护的幸福感觉了,可丈夫又说想去法国留学,想见识一下外面的世界。

公公婆婆的身体每况愈下,孩子也正处于性格形成期,还有自己的父母要照顾,工作上职称评定也竞争激烈 …… 千头万绪的问题在韩慧云的心头萦绕,可思忖再三,她再次支持了他,拿出家里一多半的积蓄,把丈夫送到了法国。

去了法国后,苗勇告诉她,自己在异国他乡过得很难,让她不要给他写信打电话。韩慧云就这么痴痴地等待着,有句话说"只能梦里相见",可是她连梦都没有,往往像只陀螺似的转到深夜,一头倒在床上,再睁眼的时候,就又该开始新的一天了。只有在自己使尽吃奶的力气还搬不动煤气罐时,在上下班匆忙赶路的间隙看到别人一家其乐融融时,她才会有时间和精力思念一下远在万里之外的丈夫。

6 年后,她的同事从法国出差回来告诉她:"你还傻等什么,他在那边已经有两个孩子了 ……"她的世界轰然倒塌。给苗勇打电话,苗勇却淡淡地说道:"我本来想给你保留一个名分的,可你既然知道了,那就只有离婚了。"他提出,让他们 10 来岁的儿子去法国读书,而她的儿子也觉得虽然妈妈可怜,但这个国他还是要出的。他希望妈妈能找一个男人,这样他才能放心地走。为了让孩子安心,她一次又一次凄惶地进出于婚姻介绍所……

点评:

苗勇从原来一个憨厚淳朴、积极上进的高材生,转变为现在没有责任没有感情的"陈世美",原因何在? 很大程度上,就是因为韩慧云"贤"得太实惠了,她应该早就发现,苗勇属于"吸血鬼"类型的人,并提早采取一个较好的办法化解未来的危机。当然,"舍弃自己,以成就丈夫辉煌"的做法是让人敬佩的,但这种舍弃,必须让丈夫承认你牺牲的价值,而非简单的"给你保留个名分"这样一句侮辱的话语。

有舍身精神的妻子们,为什么一定要做丈夫的登天梯或垫脚石呢? 为什么不做他的脚或他的腿呢? 一样是支撑他的身躯,但唯有后者才是让他无法割舍的。

15. 远离荒唐的"网恋"

汤丽来自于一个小乡村的单亲家庭,初中文化,长得又高又壮,体重达80公斤,加之家境困难,还有个上大学的弟弟,所以一直找不到对象。2005年年底,三天两头相亲的她眼看就要29岁了,这个时候,经人介绍,她结识了邢勇刚。邢勇刚在镇上开了家小茶楼,不说富裕吧,但也算得上殷实,只是他相貌平平,才35岁就开始秃顶了,而且身高还不足一米六五,也许正因如此,他才一直单身。本着凑合的心态,双方一拍即合,于春节前举行了婚礼。

这个没有感情基础的小家庭,起初日子过得还挺有滋有味,邢勇刚虽不善言辞,但他是个很细心的人,与妻子相敬如宾,尤其是一年后妻子给他生了个大胖儿子,他的幸福之情溢于言表,一天到晚喜滋滋的,对妻儿更是疼爱有加。转眼间,儿子两岁了,邢勇刚时常带着爱子去茶楼,他怕妻子一人在家闷坏了,便买来电脑,装上宽带,叫她上网打发时光。他没想到,正是自己的这种体贴,毁掉了他的幸福。

不知从什么时候开始,邢勇刚发现妻子变了,家里不再收拾得井井有条,做饭也经常不及时,她一天到晚腻在电脑前寸步不离。他提醒妻子,网络只是个填补无聊的工具,妻子满口答应,可真正做起来,却是变本加厉。又过了一阵子,妻子开始刻意地打扮自己,甚至偷偷买了减肥药来服用。一开始,邢勇刚认为爱美是女人的天性,而且妻子减肥、打扮之后的确好看了许多,可是,慢慢地他发现了异常。妻子不再拿正眼瞧他,晚上和衣而卧,他一碰她,她就厌恶地甩开。甚至,她对儿子的关爱也少了很多,经常不闻不问的,邢勇刚百思不得其解。直到有天晚上,他被儿子的哭声吵醒,走出卧室一看,妻子正在哄儿子睡觉,电脑屏幕也亮着,上面的聊天窗口没关。邢勇刚心里一跳,妻子不会是陷入了"网恋"吧?还不等他有所动作,妻子就急忙跑过去把窗口关了。邢勇刚满腹犹疑,但他没有究根问底，妻子的QQ号是他申请的，一夜未眠的他天没亮就起了床，登录了她的QQ。看着妻子的聊天记录，他的脑袋"嗡"地一声炸开了。

"小坏蛋，我来了，想我了没？""想你了，你不像我老公，他长得难看极了，而且从来不夸赞我，一点也不浪漫。""别管他了，现在我们相爱，我不想让别的男人碰你，你老公也不行。"……这些不堪入目的聊天内容刺痛着邢勇刚的神经，同时，他也明白了妻子近来的变化原因。怒不可遏的他冲进卧室，拉起熟睡的妻子就是一耳光，痛斥她不知廉耻。见行迹败露，汤丽自知理亏，她求丈夫看在儿子的面上原谅她这一次，并保证以后再也不聊QQ了。一想到儿子，邢勇刚的心也软了，这次，他放过了妻子。

打那以后，表面上汤丽规矩多了，她更加勤劳地收拾家务、打点丈夫儿子的衣食住行，还主动拔了网线，三个多月没再去碰电脑。邢勇刚见妻子这样表现，也就渐渐改变了对她冷淡和不信任的态度，又开始心疼她了，并说，只要不再和网友聊天，她还是可以上网看看电影什么的。谁料，丈夫的宽容并没有感动汤丽，反而让她觉得有了可乘之机。三个多月来，她嘴上不说，但心里却忘不了那位"浪漫随风"带给她的悸动感。趁丈夫不在家，她迫不及待地打开了QQ，小企鹅闪烁不断，全是"浪漫随风"的留言，问她去哪儿了、担心她是不是出了意外、诉说自己的思念之情……汤丽克制不住，再次与对方聊了起来，并一发不可收拾，当然，她这次谨慎了许多，以免丈夫发现端倪。两人还留了电话，不能上网时，就不停地发短信。一个月过去了，汤丽已沉浸在对方用言语制造的"甜蜜"中无法自拔，她起了离婚的念头。纸包不住火，当丈夫发现了她手机里的秘密后，愤怒中吼出了"不想过就离婚"，这正中汤丽下怀，因为"浪漫随风"承诺过，只要她离婚，他就马上娶她。

在家人的反对与责骂中，汤丽义无反顾地签了离婚协议，怕丈夫反悔，她甚至主动要求"净身出户"。就这样，只带着不多的路费与简单的衣物，她抛下年幼的儿子离开家，登上了火车。可当她按照"浪漫随风"给的地址辗转来到他的所在地后，眼前的一切与她想象的相去甚远，这是一个穷乡僻壤的小山村，而"浪漫随风"本人根本不是什么风流倜傥的中年男子，而是一个猥琐邋遢的老头儿，看上去已经五六十岁了，除了几亩薄地，家里一贫如洗……

点评：

网络的出现,大大丰富了现代生活,但同时,因为它的虚幻特质,也给某些心怀不轨的人大开了"方便之门",他们在网络中戴上厚重的面具,以一个生活中不可多得的"完美"形象示人,他们利用女性爱幻想、爱浪漫的特点,花言巧语、乘虚而入,以或多或少的欺骗手段来达到自己的目的。理智地思考一下,现实中生活充实、条件完美的男性,谁会到网上寻找慰藉?而一个天天沉迷于网聊的男人,怎么可能做到事业有成呢?绝大多数到网上寻找情人的男性,现实中都生活得不尽如人意,或者他们"硬件"太差,或者他们性格有缺陷。身为人妻,不珍惜自己的幸福,却相信网络中虚幻的"完美爱情",甚至因为网友的伪装形象而嫌弃自己的丈夫,这是十分愚蠢的,她们的最终结局,也大都逃不出命运的悲剧。

婚姻保鲜红绿灯（妻子篇）

三、私密空间

纪伯伦在论婚姻中说，"在合一之中，要有间隙"。琴弦虽然在同一的音调中颤动，但每根弦都是独立的，这样才能演奏出美妙的乐曲。婚姻是一对一的自由，一对一的民主。不要偏执地认为"你是我的"，那样就会使自己的爱巢变成囚禁对方的监狱，里面的人十有八九想越狱，只是看他有没有胆量而已。一首古老的法国歌曲唱道："爱是自由之子，从不是统治之后。"如果我们企望爱情"增长"，首先必须确认它得到了悉心的培植和坚定不移的呵护。不是改变自己，更不要试图去改变对方，而应该各自把自己调整到一个适度的空间，既要相守，也要让彼此独处。在婚姻的土壤中，让两棵个性之树自由成长，自然可以收获幸福的果实。

1. "香美人" 最迷人

第一次见到朱冉冉时，张洋就被一见钟情撞了一下腰。她左手托着下巴，坐在临窗的位子上，静静地看着窗外，眼睛里流露着动人的光芒，就像中世纪油画里的人物，高贵、雅致、恬静。那一刻，他在内心告诉自己，这个女人，一定会给他带来幸福。

当然，这一切发生在一年之前，之所以要说张洋"被一见钟情撞了一下腰"，是因为这个"高贵"、"雅致"的漂亮妻子已经令他忍无可忍。要说原因，连他本人都觉得不可思议，这么一个像"中世纪油画里的人物"的女人怎么会和脏、臭联系在一起呢？

最初的热恋，他们和所有的情侣一样，恨不得把一天过成两天，他们流连于影剧院、酒吧、商场、茶馆，他们聊生活、事业、未来，那段日子，张洋觉得自己是世界上最幸福的人，因此，谈婚论嫁也就水到渠成。

婚前，朱冉冉在市里租了间房子。第一次去朱冉冉的"小窝"，张洋在开门的瞬间就愣住了，房间里到处都是乱七八糟的东西，几乎连落脚的地方都没有，而且还有股酸臭的味道。靓丽、清纯的她和狭窄、凌乱的房间形成的巨大反差，让张洋不知道该说点什么，只能讪讪地笑笑，含蓄地评论她的房间好"满"。不过，很快他就释然了：一个人生活，没有人照顾，又是租的房子，生活肯定有很多不便。但就是他这样的想法，为自己婚后生活的苦闷埋下了伏笔。

登记后，两人在城里买了房，装修得很漂亮，可是，蜜月后张洋出差两周回到家，家里已经面目全非了。厨房里摆满了油污结垢的锅碗瓢盆，卧室里味道异常、一片狼藉，简直就是妻子单身租住房的翻版。他还是天真地认为，妻子的坏习惯可以通过调教改善，但是，他又错了！

朱冉冉在吃方面极为"奔放"，水果在手上蹭蹭就可以往嘴里塞，剩菜、剩汤总是一股脑儿塞进冰箱。丈夫不在家，她就窝在床上边吃东西边看电视，更让人叫绝的是，她还将油水滴答的麻辣串拿到床上吃，吃完，竹签随手一搁，嘴巴一抹，蒙头就睡……

吃饭的时候，朱冉冉习惯用手指剔牙，然后很随意地四处一弹，弄得墙上沾满了"不明物体"，用手擦嘴后，竟又随手抹在沙发上。这种情况张洋发现过多次，起初怕伤了妻子的自尊，仅仅是一言不发地当着她的面将污物处理干净，但效果显然不尽如人意，他只好直接提醒，妻子却置若罔闻。为这事儿，两人不知吵了多少次。

有一次，夫妻俩正看着电视，朱冉冉清了清嗓子，"啪"地就将口水吐在地板上，然后还用脚去蹭，动作自如洒脱，旁若无人。张洋知道，如果说她太不讲究，又得引起争吵，可是，他又做不到视若无睹。最后，只能默默地用卫生纸揩干净地板，希望用行动来感化她。

如果说朱冉冉身上仅仅是这些习惯倒还好，张洋手忙眼快一些还能弥补，可是日子久了，她竟有更令人瞠目结舌的表现。

张洋在远离市区的银行上班，除了周末和休班，一般都在单位的宿舍住。有次回家，刚打开家门，一种怪怪的味道就扑面而来，走进卧室，这味道愈发浓重。他到床头一看，朱冉冉竟将吃过的方便面桶放在床头柜上，里面还有泡开的卫生纸，都长毛了，张洋感到一阵恶心，赶紧收拾。收拾停当，屋里的味道还是没散，他找了半天，最后掀开床垫，床底下的"世界"让他目瞪口呆，不仅有朱冉冉用过的卫生巾、内裤，还有苹果核、死蟑螂，最后竟还扫出一只死耗子。事后他问妻子怎么回事，她道："也不知道屋里怎么钻进老鼠的，一到晚上吱吱乱叫，我就买了包老鼠药……"

"那这卫生巾和内裤呢？"张洋又接着问道。"用完了，就随手一扔嘛，有什么大不了的？"朱冉冉白了丈夫一眼，不当回事地说道。

个人卫生，朱冉冉也让丈夫无语至极。每月只洗一次澡，还得张洋逼着洗。她说洗澡不光麻烦，还会头疼，会得风湿。不仅如此，她还常常不换内衣、内裤，上面的黄色污渍都洗不干净了。虽说张洋一周才回家一次，可别说过夫妻生活了，就是和妻子相拥而眠的欲望他都没有，因为她身上总有味道。为这事，他们吵了多次，最后，张洋警告她说，女人不保持清洁，很容易感染疾病，她才稍微有所改变，但又将袜子、牛仔裤和内裤、胸罩塞进洗衣机一块儿搅，张洋看着洗衣机里上下翻腾的衣物，快要疯掉了……

点评：

香女人最性感。玛丽莲·梦露说过一句颇为经典的话："我只穿香奈儿5号入睡。"凭这一句话，就足以让全世界的男人对之想入非非。妻子们一定要知道，男人永远吃女人这套：一缕暗香、一阵清爽、一抹胭脂、一派整洁……只可惜，文中的女人没有明白这个道理，以为只要自己外在光鲜漂亮，就足以让男人为之神魂颠倒，哪想到，她的男人已经因为她的"脏"而在酝酿分手了。她的行为让男人胃口倒尽，也让卧室或床的"性"意味消失殆尽。试想，男人一伸手就摸到油污，会有什么感受？在一个四处飘散着怪味的卧室里，男人怎么会有性欲？床，甚至卧室，对夫妻而言，是很有性暗示力的，所以一个会营造浪漫氛围的太太，是不会在这些暧昧的地方做"分外之事"的。

一个眼睛里挂着眼屎、耳朵里充满蛛网状的脏东西、浑身散发着怪味的女人，即便你拥有海伦般倾城的美貌，也不如一个清爽的、散发着悠悠香味的普通女人更具有诱惑力。女人，请不要糟蹋自己的形象，做一个干净性感的"香美人"吧。

2. "鸳鸯浴"，时尚的"圣餐"

在大学里的时候，沈琴琴就是出了名的"淑女"，人长得漂亮，成绩也非常优秀，尤其是为人处世，从来没有跟哪个同学红过脸，所有人的印象中，她都是文静的、温柔的、内敛的，当时就有好多同学开她玩笑，说谁娶了她就等于捡到了"宝贝"。这个"宝贝"最终还是被许栋捡到了。许栋和沈琴琴不在同一所学校，在一次市里组织的辩论会上，两人分别是正反方的辩论对手，在激情四射的辩论场上，许栋被沈琴琴的娴静气质所震撼，沈琴琴也为许栋的纵横睥睨的口才所折服，辩论结束后一个星期，两人就顺理成章地牵起了手。一年后，在同学朋友的祝福声中，他们步入了神圣的教堂。

结婚后，一个问题突兀地摆在了面前。许栋少年丧父，是母亲一手把他养大的，成家后他就想接母亲过来一起生活，沈琴琴知道丈夫的身世，对他的想法也欣然同意。两人都是私营公司的普通职员，工资不多，所以买房的时候，只买了一间稍微便宜的公寓，拿到钥匙后就从中加上一堵墙，勉强算作两个卧室，许栋的母亲住外面的一间。沈琴琴保持了大学期间的优良作风，跟婆婆的关系处得很好，婆媳之间从来没有过争吵。

虽然婆媳关系很和谐，但是到了晚上，三人却会感到异常尴尬。许栋夫妻年轻力壮，又是刚刚结婚，"春宵一刻值千金"，可每当他们"床笫之欢"时，一想到隔音效果不好的墙壁那侧睡着许栋的母亲，心里就觉得不好意思，只好尽量不发出动静，没了好的环境和心情，性生活也就不那么和谐了。

为此，许栋母亲常常找各种理由主动出去"溜达"一会儿，以给两人单独相处的空间，但这样也不是长策，而且有时候还会闹出更脸红的状况。有次周末，三人吃完午饭后，许栋母亲又要去找老太太们"聊天"，她一出门，许栋和沈琴琴就抓紧时间亲热了起来，出门不远的许栋母亲觉得冷，想回家取件衣服，突然打开门后，三人闹了个脸红脖子粗。

事后，许栋母亲觉得住在这里不方便，便主动要求回老家，结果儿子不同意，儿媳也是极力挽留，只好又住了下来。从那以后，许栋和沈琴琴就很少有性生活了。时间一长，沈琴琴还稍微好一点，许栋则会时不时地抓住一件小事跟妻子吵闹，虽然吵完后两人总能言归于好，但婚姻却明显出现了裂痕。事情的转机发生在一次洗澡时。

那次，沈琴琴洗澡忘记了拿浴巾，洗到一半的时候突然想起来，就喊丈夫给她送过来。许栋拿着一条浴巾，心不在焉地进了浴室，只见氤氲的雾气中，妻子娇羞地看着他，香肩微露，湿漉漉的头发紧贴着额头，还有几滴晶莹的水珠欲滴未滴，整个画面如梦似幻，他瞬间愣住了。沈琴琴见丈夫这副样子，白了他一眼，娇嗔道："你看什么看啊！"许栋回过神，不好意思地笑了笑，临出去时还不忘意味深长地看了妻子一眼。

没过几天，就是国庆长假，两人约好借机去外地旅游。玩了整整一天，回到宾馆已经是深夜，游玩的兴奋感过去后，一身的疲惫急需用热水澡驱赶，可是又怕宾馆停供热水，于是许栋就提议一起洗。花洒喷头形成的水帘很快将两人罩了起来，房间里弥漫着舒缓的轻音乐，在这种浪漫的气氛中，他们情不自禁地抱在了一起。替对方洗完了后背等平时够不到的部位，热水还没停，沈琴琴干脆将宽大的浴缸放满了水，温柔地拉着丈夫躺了进去，那天晚上，他们聊到很晚才从浴缸里出来。

旅游完了回到家，那种美妙的感觉还深深地印在许栋夫妇脑海，他们花钱将自己家的卫生间重新装修了一遍，购买了大号的浴缸，四周也贴上了淡雅、简约的墙纸，还在浴缸旁边放上了一瓶插花。每到晚上洗澡时间，两人就相携进到属于他们的"私密空间"，静静地享受着只属于两个人的小世界，或者头抵着头喁喁而言，或者轻轻相拥沉默着。"鸳鸯浴"，让这对年轻的夫妇享受到了物质以外的丰富精神愉悦。

点评：

"鸳鸯浴"，正被越来越多的夫妻所接受，但也有一些人，尤其是性格相对内向的妻子们，武断地将"鸳鸯浴"跟"放浪"、"淫荡"等词汇联系起来，其实不然。夫妻间的关系，并非简单地停留在性爱这一物质层面，更重要的，是精神上的"坦诚相待"，在这样一个工作生活压力巨大而生存空间狭小的时代，妻子们，何不放下你的腼腆，敞开你的胸怀，跟你的爱人共享一次"鸳鸯相对浴红衣"的美妙呢？

3. 不拿性爱 "做交易"

五年前,林凡还是个小小的职员,经济状况一般,但他胸怀大志,工作勤奋刻苦,再加上长相英俊,吸引了不少女性的目光。他之所以选择妻子吴菲菲,是因为她独立、干练、不娇弱,处理起事情来有板有眼。吴菲菲是做化妆品生意的,文化程度不高,但她凭着自己的能力与干劲儿,收入颇丰。两人第一次吃饭,吴菲菲就要求 AA 制,这种几乎不近人情的做法,却让林凡很是赏识,他似乎看到了两人共创未来的美好画面。只是,婚后,林凡的麻烦来了。

吴菲菲有一家店面,雇了几个店员,她自己当着老板,空闲时间比较多。而林凡就不一样了,为了上进,他经常主动加班到深夜,这样一来,他对家务自然就顾得少了。没想到,妻子却抓住了这一点不放,理由是家是两个人的,家务自然应由两人共同承担。林凡解释说自己太忙根本就顾不上那么多,而且他加班都是为了两个人的未来,妻子表示理解,但她接下来的话,却让林凡瞠目结舌,她竟然要求林凡为本属于他的那份家务 "付费" !看着林凡的表情,吴菲菲说:"你有什么好瞪眼的,别忘了,家里的开支我也没多要你一分钱,都是与你平摊的,现在你干活少,自然需要给我经济补偿! "林凡无奈,只好按照妻子列的 "价目表" 掏钱。两人本来就是怀着结婚的目的走在一起的,并没有深厚的感情基础,妻子连做顿饭刷个碗都要收钱,这让林凡觉得自己的家庭根本没有家的温暖。一开始,他与妻子交流过多次,但都于事无补。时间长了,他也就渐渐麻木了。

上进的员工总会得到提拔,做生意却不可能总是顺风顺水。两年后,林凡已是企业的高管,吴菲菲却因市场竞争越来越激烈,店面不得不关门大吉。但她不服输,选择了从头做起,只是,祸不单行,她再一次亏损,多年来的积蓄赔了个精光。回到家里,她苦恼不堪,再想起前不久刚与丈夫商定要换一台电视,而两人一直以来都执行着那份《AA 制协议》,以她要强的个性,让她 "毁约" 显然是不可能,

hunyinbaoxianhonglüdeng (qizipian)

她的大脑迅速运转着，直到眼睛的余光看到墙上贴的《家务价目表》，她眉头一皱，计上心来。

林凡正值壮年，精力旺盛，几乎每次房事都是他主动，这天晚上，他又缠绵地抱住妻子，妻子也回应着。正当他热情高涨时，妻子突然推开他，说你给咱家买个电视吧，林凡奇怪地问："不是都已经商量好了，过几天就买吗？"妻子却别有意味地笑笑，说出了让他自己出钱买的想法，林凡心底虽有疑惑，但在那个时候，妻子又有一些暗示性的肢体语言，他没有多想就答应了。这次经验，让吴菲菲尝到了甜头，除了"家务费"之外，她把与林凡的"亲热费"列为了主要经济来源。

林凡察觉到了妻子的小手段，他苦恼地说："我知道你做生意亏损了，你要钱要物，只要我还负担得起，我都会给。只是你能不能不要采取'床上交易'的手段来提出要求？"吴菲菲却说："这与跟你要钱是两码事，你主动提出亲热，当然要给我报酬啊。我想过了，以后每次200元。"听着妻子的话，林凡半晌无语，最后，他默默地说："连亲热都要付费，那你和外面的女人有什么区别？"

从那天开始，林凡再也没碰过妻子，他总是推说工作忙，经常很晚才回家，有时，身上还带着酒气。吴菲菲意识到也许是自己太过分了，正当她考虑着补救措施时，丈夫却向她提出了离婚，他说她的"床笫交易"政策冲破了他的底线，让他觉得夫妻关系已经扭曲到了极点，他们两人之间，已经被这条政策分割得没有一点爱了……

点评：

每个人都有选择用自己的方式经营婚姻的自由，只是，得到丈夫经济支援的方法有成千上万，而婚内"性交易"是最愚蠢、最不可取的一条。它会让夫妻关系变得冷漠，它会让性生活变得味同嚼蜡，妻子若选择了拿性爱做交易，就等于给婚姻挖掘了坟墓，夫妻感情也是不会长久的。

4. 夫妻禁用"冷暴力"

左勇博比妻子郭晓大十岁，平时他十分宠她，处处顺着她，有时，他自己都开玩笑，说把妻子当女儿疼。这可惯坏了郭晓，在家里，她说一不二，稍有不顺心，就大吵大闹，非打得左勇博举白旗投降不可。左勇博身上经常有妻子留下的牙印，他苦笑着对妻子说，这也算家庭暴力，他可以去告她的，妻子却一脸得意，吃定了他不会"揭竿起义"。其实，左勇博对妻子的"花拳绣脚"并不是很在意，他还调侃自己说，打是亲，骂是爱嘛，可是，有一天，妻子却改变了方针。

那次，左勇博的单位组织旅游，他当然带着妻子同往。事情本来挺好的，妻子有说有笑，可到了半山腰上，大家休息，左勇博和一位女同事聊到了投机的话题，两人开心的样子被郭晓看见了，她立马把脸一拉，生气地嚷着要回家。面对"骄横"的妻子，左勇博无奈，只好顺从了她。回到家里，郭晓还不消气，左勇博以为她又会哭闹一场，对他拳脚相加。没想到，她沉默着坐了一会儿，径直跑进卧室，将左勇博的被褥都扔了出来，并宣布，从现在开始，夫妻俩分房睡，为期一个月。郭晓发现，这招比哭闹打骂强多了，丈夫一听到她对他的"处决"，马上苦着一张脸来哄她，那神态，比平时面对她发火时紧张好几倍。也就是从这一刻开始，郭晓决定，以后就用"冷暴力"手段来教训丈夫。

有一次，左勇博又有一件事情做得不顺郭晓的心意，郭晓把头一扭，连续三天，任凭丈夫怎么逗她，她都当他是空气，不看他，不跟他说话。不仅如此，她做饭只做她自己的，碗筷也只拿一副，逼得丈夫吃了三天白水煮面条。

左勇博最先感觉到了妻子这种行为带来的后果。以往，他俩吵得再厉害，吵过之后，感情都只增不减，可是现在，妻子的"冷暴力"过去之后，两人都觉得索然无味，没有多少话可以说。他与妻子沟通，妻子听后也觉得在理，可是，她似乎对"冷暴力"上了瘾，丈夫一惹她生气，她都觉得不冷落他几天不解恨。

时间长了，次数多了，左勇博也适应了。妻子不做他的饭，他就自己炒盘牛肉；妻子让他睡沙发，他就找个舒适的姿势倚着，惬意地看电视；妻子不和他说话，他就找三五个朋友喝顿小酒，或者上网聊天。有时，他甚至忘记了妻子正在生气，不再刻意去哄她。看着丈夫的这种表现，郭晓怒火中烧，她知道丈夫对她的身体很是钟爱，一念之差，她使出了"杀手锏"，不让丈夫碰她。

那天，左勇博下班回家，看到妻子乐呵呵的表情，再看看一桌子的热菜和摆好的两副碗筷，以为妻子的"冷暴力"已告一段落。晚饭后，他拉着妻子百般温存，妻子却一变脸，冷冷地推开了他，甩出一句"我累了，睡吧"。左勇博意识到，妻子把"冷暴力"上升到夫妻生活了。他知道妻子说一不二的脾气，也只好由着她去。一次，两次，三次……他们的性生活越来越少。左勇博是个正常的男人，他有生理需求，而长期的夫妻生活不和谐让他整个人看上去萎靡不振。为了讨妻子欢心，他只好委曲求全，尽其所能地满足妻子的一切要求。想想以前，他对妻子的宠爱与忍让都是心甘情愿的，是"周瑜打黄盖，一个愿打，一个愿挨"，但是现在，他做这一切仿佛都是出于对妻子的妥协。结婚三年以来，他第一次感到疲惫不堪。

一天，郭晓来了感觉，她主动向丈夫示好，丈夫却表现得很淡漠，总是提不起兴趣。过去的半年，她一直在不间断地用"性冷暴力"惩罚丈夫，她以为自己的主动会让丈夫很兴奋，可是，两人努力了许久，左勇博却丝毫没有反应。郭晓紧张了，她咨询了医生，医生告诉她，丈夫的这种情况是心理因素造成的，需要对他进行心理治疗。郭晓的心跌到了谷底，她不知道，丈夫在知道了这个消息后，会不会一怒之下怪罪她……

点评：

在大多数人看来，夫妻间的家庭暴力是指夫妻之间一方对另一方进行肉体上的伤害和摧残。但实际上，夫妻间的家庭暴力早已不仅仅局限于肉体暴力和伤害的范畴了，它还包括精神上的伤害和折磨。在一些女性眼里，性成了逼丈夫低头的武器，可是性惩罚是以伤害夫妻感情为代价的。夫妻日常生活中的问题不应该被带到性爱中来。把拒绝性生活与丈夫犯的"过错"挂钩，很容易形成恶性循环。

5.“性冷淡”需及时调理

郑杰和于敏是一对很恩爱的夫妻,两人从风花雪月的浪漫恋爱,到同甘共苦的美好婚姻,一路走来,回忆芬芳无限。2009 年,于敏怀孕了,这个幸福的二人世界眼看就要变成更加圆满的三口之家,两人都喜不自胜。年底,迎着春节的喜庆,于敏的产期也来临了,郑杰守在产房的门口焦急地踱着步子,也许是命运故意要让他的生活起一层波澜,他接到医生通知,于敏大出血,可能有生命危险。幸运的是,最终母子俩都平安无事,而于敏的身体,只要经过精心的呵护与调养,也能恢复过来。

为了照顾妻儿,郑杰忙得团团转。经过他的细心调理,妻子的脸上有了红晕,宝贝儿子也一天一个样地成长着。郑杰显然对这样的成果很满意,他调侃地对着儿子说:“儿子呀,老爸为了你,已经吃素很久了,老爸都快成和尚了。”他这话是说给妻子听的,他以为妻子会像以前那样笑骂他不正经,可是,她竟然没有丝毫的反应。郑杰不死心,他做出一脸坏相凑到妻子跟前,妻子却推开他,说:“都当了爸爸了,还这么色迷迷的,也不怕人笑话。”郑杰很委屈,但他一考虑到妻子的身体状况,猜想她大概是因为没有完全康复,身体还有不适之感,便只好作罢。

时间在郑杰的煎熬中慢慢走过,他一等就是半年,这期间他几次想和妻子亲热亲热,可妻子不是说不舒服,就是说累了,次次都拒绝。郑杰百思不得其解,怀孕前,他与妻子可是卿卿我我、缱绻缠绵,为什么一生宝宝,妻子就修炼得六根清净、四大皆空了? 别无他法,他选择了向医生求助。医生听了他的描述后,对他说,于敏可能是因为生育时的大出血在心里留下了阴影,从而患上了“性冷淡症”。郑杰思量着医生的话,他遵从医生的建议,回到家里对妻子百般呵护,一有空就找她谈心,希望解开她心里的疙瘩,可是,效果似乎并不怎么明显。妻子生日那天,他还特意去买了一条漂亮的项链和一束娇艳的玫瑰花。要是以前,妻子看到这个场景,肯定早就柔情似水地缠到他身上了,可是现在,妻子只是开心地笑,身体却仍然对他"退避三舍"。郑杰苦恼地想，人家老布什 70 岁还有性生活，他才不到 30，离 70 岁还有漫长的路要走，他要怎么熬？有时，春意迥然的夜晚，他盯着妻子的后背，承受着欲望的折磨，也会恨恨地想，要不跟她离婚算了，但转念想到妻子生育时受的那些苦，和儿子纯真可爱的脸蛋，他又骂自己是混蛋。就像妻子教训他时说的，男子汉大丈夫，整天琢磨床上的事干吗？有那点精力，还不如想想怎么挣钱给孩子买奶粉呢！

说归说，郑杰的正常生理需求长期被压抑，他还是很痛苦的。于敏察觉到了他的难受，尤其是发现他偷偷在卫生间里自己解决时，她心里别提有多内疚了，可是，她就是不能克服内心对性爱的排斥与厌恶。又过了几个月，郑杰的苦恼越来越大，原本出了名顾家的他，也爱上了下班后在外面与几个哥们儿借酒浇愁。看着丈夫醉醺醺地回家倒头就睡，于敏意识到，自己的"性冷淡症"是该调理了。她上网看了很多帖子，查了很多资料，也咨询了在线大夫，了解了"性冷淡"的危害性后，她更加坚定了治愈自己的决心。

一天，郑杰又酒后晚归，意外地看到桌上竟点起了红烛。妻子一袭丝质睡衣，含情脉脉地看着他。透过烛光，他觉得妻子含羞带怯的面庞竟是那么的美。接下来，两人仿佛找回了消失已久的激情，一番翻云覆雨过后，郑杰几乎要窒息了。而于敏也发现，久违的性爱不但没有给她造成任何痛苦，相反，她觉得自己快乐得似乎要升天了。她庆幸自己打开了心结，否则，时间长了，她真担心丈夫会不会一时冲动放弃她们娘俩……

点评：

性，是一个快乐、愉悦、享受的过程，虽然它并不是解决人生苦恼的灵丹妙药，却是幸福人生的一股甘泉。但因为各种各样的原因，有些女性在不知不觉中患上了或轻或重的"性冷淡症"，她们错把这股甘泉，当成了一杯苦酒，从而让婚姻变成了"无性"的结合。正常的性生活，是健康的标志和保证，想想她们的丈夫，在长期的"无性婚姻"中遭受压抑，长此以往，就必将影响到他们的日常生活，甚至，还会危害到婚姻的完整性。因此，女性朋友若是对性表现出冷淡或厌恶，应及时调理，为了家庭，也为了自己。

6. "性亢奋" 要正确对待

在别人眼里,姜峰是个成功人士,他 10 年前开始下海搞房地产生意,借着勤奋刻苦、不屈不挠的精神,一举成了省城小有名气的房地产商人,轿车别墅一应俱全。男人一旦有了名气、有了钱,身边就不缺女人,如花似玉的女孩接踵而来,但其中不乏奔他的钱而去者。所以,姜峰的爱情大门始终没有打开。直到 32 岁,他才遇到了妻子肖静。

肖静最初是姜峰的一名秘书,年龄比他小 8 岁。她人长得美丽,性格也很温柔,还弹得一手好钢琴,平时待人接物、为人处事也都特别得体。姜峰觉得,在所有他见到的女孩之中,没有哪个比她更好了。更难得的是,肖静的工作能力很强,她仅依靠自己的双手去创造财富,对他的钱,她从不过问。就这样,本着对彼此的欣赏,两人迅速坠入了爱河,并升起了婚姻的旌旗。

婚后的生活与婚前并没有多大差别,肖静依然是姜峰的秘书,与他同进同出打理工作,而家务活都交给了钟点工。只是,没多久,姜峰发现妻子的性欲越来越亢奋了。新婚燕尔,妻子又年轻,在性生活方面需求强些也不算毛病,姜峰认为时间长了她的"热情"会慢慢冷却,可是,没想到,随着时间的推移,妻子的需求不减反增。

一开始,一天一次同房是必需的,姜峰觉得这已经能够满足妻子的生理需求了。但是渐渐地,妻子的欲望越来越高,有时中午休息时间,她竟要求在办公室里欢爱。姜峰的工作量本来就大,现在,连午睡时间都被妻子剥夺了,这让他疲惫不堪。如果他中午拒绝了妻子,到了晚上,妻子就会拉着他要个不停,一连两三个小时她都意犹未尽。

姜峰的应酬很多,时常要陪客户喝酒吃饭到很晚。从酒席回到家,他疲惫地往床上一躺,很难再有别的想法了,可妻子却不依不饶,经常他睡得正酣,妻子就掀开被子缠着他起来欢爱。有时候他真想一把将妻子推到一边儿去,可看着她年轻可爱的脸，又于心不忍。

时间长了，姜峰开始力不从心。可妻子有她的办法，她去保健市场买来大量的男性保健品给姜峰服用，丝毫不顾及姜峰的难堪。姜峰吃了那些保健品，下身虽然涨得厉害，但他心理上却毫无性欲，只能躺在床上任由妻子摆布。

就这样过了两年，姜峰越来越不能忍受，不管是身体上还是心理上，他都觉得不堪重负。他开始故意晚归，甚至等妻子睡着他再回家，可同一屋檐下过日子，又是在同一单位工作，他根本躲不开妻子。无奈之下，他提出了分居。

在外人眼里，姜峰的生活让人羡慕非常。他的事业如日中天，妻子貌美如花，而且，妻子还是他事业上的好帮手，许多商业活动，妻子都陪他参加。尤其同行、朋友们见他有这么一位美若天仙、能言善辩的好妻子，都赞不绝口，可听着他们的话，姜峰心里仿佛打翻了五味瓶，总不是个滋味。

客观来讲，他们是非常相爱的，即使分居，他们毫不担心对方会做出对不起自己的事情，但一对天天在一起的夫妻晚上竟然分开住，这让他们感到很痛苦。姜峰咨询了医生，知道妻子性欲过强可能是患有某种疾病，比如子宫长了肿瘤，他马上带妻子到医院做体检，可是查遍全身，也没找出妻子得病的迹象。

现在，两人分居已经一年多了，离婚肯定不会，因为他们都很爱对方，况且又有着千丝万缕的工作关系，根本不想离开对方。这种婚姻状况，让姜峰很纠结，他不知道这样下去，最终的局面会是什么样？

点评：

在人们的印象中，向医生求助的大多是性冷淡或性功能减退的人群，而"性亢奋"则很少引起人们的重视。其实，长期的性亢奋也可能是疾病，在医学上，就有个名词叫"性欲亢进"，主要表现为不管任何时间、任何地点都会有性需求，而且要求的次数较多、时间较长，并很难得到性满足。女性朋友如果出现这种状况，应及时诊治，万不可因为羞怯而凑合下去。因为时间一长，不仅会影响夫妻关系，对自己的身体也会有诸多不利。

另外，如果"性亢奋"不是疾病引起的，而是女性朋友本身的生理欲望比丈夫强，那么，也应把握分寸，适可而止，切不可因此给丈夫造成身体和心理的双重压力，最终得不偿失。

7. 性爱，应时时求新

从什么时候开始，我们感觉只是在"做"，但却没有了爱？我们陷入了什么误区？是一边 A 片一边做的惯性，还是把性看得太过重要，或太不重要？我们是否把性当成一种纯粹的生理运动了？我们是否太过于重视技巧却忽视了爱的营造？

自从开公司以来，33 岁的袁露就每天忙得晕头转向，虽说手底下才区区几十个人，但也是从早上睁眼到晚间上床，脚后跟打后脑勺地忙。结婚后袁露制定了 3 年住别墅、10 年退休的财务计划，为了完成这个愿望，平时吃饭，她能凑合就凑合，家里花大价钱买的整体厨具几乎还是新的，往往是晚上把公司的事儿带回家做到深夜，草草洗漱完就得赶紧上床休息。丈夫刘景在一家财务公司做会计，跟妻子比起来，倒是清闲得多，但是每天面对着像陀螺一样的妻子，他也不忍心去过多地打扰。

突然有一天，刘景发现他们有一个多月都没有亲热，岂不要成"无性婚姻"了？看看妻子，还在低头忙着起草一份文件，他先是冲了一杯咖啡端给袁露，才委婉地说了这件事儿。袁露一听，丈夫说的也对，她觉得对丈夫有一种愧疚感，遂满怀歉意地要"补偿"他。那就开始吧！可是亲热时，袁露满脑子里还是想着生意上的事情，她一动不动地躺在床上，睁着眼睛，竟然走神了。满头大汗的刘景看到妻子这个样子，亢奋的情绪瞬间跌到了冰点，他翻身一下子躺在了床上。袁露欠起身疑惑地问："怎么了？"刘景懒懒地答道："没事儿，就是有点不得劲。"

"嘁！多少次了，不都是这个姿势吗，怎么现在就不得劲了？"袁露白了丈夫一眼，抬腿就又走到了还没起草好的文件前，临下床还不忘给了丈夫"温柔"的一吻，可是她没注意到丈夫脸上失望、苦涩的表情。她觉得丈夫的身心有没有满足似乎已经不重要了，反正她已经像好学生一样，把功课按时交了，至于"收"不"收"，则是丈夫的问题了。

自那次以后，每隔一段时间，当刘景提出该"亲热"一下的时候，袁露就直奔主题，三下五除二脱光了衣服躺在床上等着丈夫来"收作业"，而且就一种姿势，刘景想换个体位，她却总是不停地催促丈夫快一点，别老玩花样。久而久之，刘景竟然患上了阳痿早泄。起初，丈夫"不行了"，袁露的内心似乎长松了一口气，因为繁芜杂乱的公司事务，确实让她分不出神来，但是面对丈夫的病，她又隐隐约约从心底里感到有些担忧。

时间不长，袁露的担忧就变成了现实。刘景变得越来越自卑、敏感，脾气也越来越暴躁，经常因为妻子无意中的一句话或一个动作而闹不痛快。两人从大学里就开始谈恋爱，是他们班唯一一对"修成正果"的恋人，感情基础相当牢固，面对这个问题，袁露主动提出陪丈夫就诊，但是刘景却打死不去。无奈之下，袁露去咨询了心理医生。

从心理诊所回来，袁露让丈夫陪她去临近的乡间玩一天。刘景手捧着一本书，看都没看妻子就拒绝了她的要求。袁露却不由分说，死拖硬拽地把他拉进了汽车。

路的两边，是开得正盛的油菜花，空气里有一股甜丝丝的味道。袁露开着车缓缓停在了一幢别致的小屋前，把还在愣神的丈夫拖下来，拽了进去，然后才告诉他，听说一家旅游公司新开发了"回归自然"项目，自己就报了名。

入夜，天上繁星点点，外面没有一丝的喧嚣，有的只是不知名的小虫子悠闲的叫声，天地间充满了诗意和宁静。袁露身着一身蕾丝的性感睡衣，款款从浴室走出来，走向目瞪口呆的丈夫……那一夜，刘景终于重振雄风。

点评：

好在危机来临时，袁露处理及时措施得当，这才从"悬崖"边将他们的婚姻拉了回来，最终有惊无险地"解救"了这段持续多年的感情。

换个做爱的姿势吧！求新，无疑是促进性爱质量的秘方之一。当然，求新包括很多东西，不单单指体位，还包括地点甚至背景音乐。即使是小小的变化，相信他也会清楚地感觉到，并且感激你的创新安排。相应的，他绝对会用实际行动加以报答,所以当他采取主动的那一刻,千万别惊讶,因为,这都是你应该得到的。生活的过程就像炒菜,同样的料会烹调的人能做出一手好菜,不懂技术的人只能把菜煮熟但缺乏味道,或者简直就烧糊了,令人望而生厌。因此,夫妇们应当不断地充实这方面的新知识,努力开发自己的新生活。

8.远行了，别忘了寂寞的丈夫

朱晓丽与丈夫彭振华是自由恋爱成婚。两人的家境都不太好，朱晓丽在一家重型机械企业上班，凭着几年辛苦的打拼，终于当上了采购部经理，收入也有了很大的提高；而彭振华则完全相反，原来在当地较有名气的纺织公司做产品检验员，2008年金融危机，公司裁员，他赫然在被裁撤之列，之后就成了名副其实的"家庭主男"。

下岗后，朱晓丽觉得丈夫对针织比较熟悉，就想让他继续干老本行，开间服装店，彭振华却嫌抹不开面子，死活不干。闲着没事儿，他就跟妻子软磨硬泡，要实施"造人计划"。因为朱晓丽要经常出差，所以开始她并没有同意，可彭振华拍着胸脯保证说有了孩子他照料，在丈夫的反复劝说下，一年后，他们的儿子呱呱落地了。自从有了孩子，彭振华也有了事儿做，他一丝不苟地履行着当初的诺言，把儿子照料得白白胖胖，所有事儿都不用妻子操心，朱晓丽需要做的，只是每天回家后跟儿子亲热亲热。

儿子越来越大，朱晓丽的工作也越来越忙，往往一出差就是个把月，回来没住几天，就又得匆忙收拾行李出发。刚开始的时候彭振华没觉出什么，每次妻子出差，他就一个人在家带孩子，跟平时一样。慢慢地，儿子开始蹒跚地学走路，也会喊爸爸妈妈了，变得越来越可爱，这时候，彭振华的心中就有了些许"醋"意。

只要一出差，还没到目的地，朱晓丽就开始对儿子牵肠挂肚，一天好几遍电话，恨不得时时能听到儿子的声音。而彭振华想跟妻子说几句缠绵的话语，朱晓丽要么就是审问他在家"偷腥"了没有，要么就是直接命令他将电话放在儿子嘴边，要跟儿子说话，等她过瘾了尽兴了，彭振华再接过电话，她又说长途漫游话费太贵，匆匆挂断电话，这弄得彭振华很是郁闷。

有一次朱晓丽去鄂尔多斯，一待就是半个多月，当她风尘仆仆赶回家，一进家门却径直扑向儿子,抱起来就一顿猛亲,放下孩子,她又风风火火地从旅行箱里掏出大堆的玩具,逗得儿子咯咯大笑。而此时,彭振华已经站在旁边问了她好几次,她都顾不上答话,只是草草地应付着,直到丈夫说晚上要去跟几个老同事喝酒,她才象征性地叮嘱了几句"少喝"、"路上小心"之类的话。

那天晚上,彭振华喝得酩酊大醉,直到深夜才跟跟跄跄地回家。朱晓丽想上前扶他一把,却被推到了一边,丈夫借着酒劲儿耍起了"酒疯"。他口齿不清地抱怨着妻子对他的冷落和心中的郁闷,说到最后,竟然声泪俱下。

朱晓丽坐在床边,愧疚地看着迷糊入睡的丈夫,心中思绪万千。考虑了半天,她重新打开电脑,登录上了自己的淘宝号。

第二天,朱晓丽没有去上班,而是悉心照料着宿酒的丈夫,并对他撒了一个谎:"你看你,至于吗?还跟儿子'争风吃醋',我给你买衣服啦,坐飞机带不了,托运的!"

彭振华不好意思地搔搔头,想岔开话题:"我又不是嫌你不给我带礼物,出门在外,你就光想儿子啊?"他没想到妻子却"打蛇随棍上",顺势钻到他怀里,呢喃着说:"昨晚你醉得跟头猪似的,现在我就告诉告诉你我是不是光想儿子!"

一个"善意的谎言",一段柔情的温存,让彭振华心中的不快烟消云散,也让朱晓丽学会了出差时怎样"关心"丈夫。以后她每次出差都电话不断,回家后除了逗儿子开心,就兴致勃勃地对丈夫说路上的见闻。去鄂尔多斯的次数多了,她又抽空帮丈夫联系了一家羊绒衫厂家,彭振华的"华丽衣柜"服装店也红红火火地开业了……

点评:

小别胜新婚,短暂的别离会使夫妻双方的关系更加亲密,但这要有一个前提,就是"别"的次数不能太频繁,而且在"别"的过程中切忌断绝联系,忽略了丈夫"留守"在家的失落情绪。文中朱晓丽的做法无疑是正确的,正因为她的善解人意和细致入微,在他们这个有点"特殊"的家庭中,才恒久保持着一种和谐、温馨、幸福的美好氛围。

9. 小别胜新婚

"审美疲劳"是现代婚姻里最经常出现，也是众多夫妻最不想要的一个词。

苗雅欣和冯岩结婚已经三年了，从恋爱期间的陌生探索，到现在对彼此之间的一切，包括一言一行和微小情绪的变化都了如指掌，他们的性爱生活也从过去的水乳交融、如胶似漆，演变到现在的刻意呆板和寡然无味。他们的激情一天天在消退，以前那些让他们热血沸腾、情绪激昂的性爱已变成了一种偶尔才会在脑海里翻腾的记忆。

为了改变这种沉闷的状态、打破这种无味的性爱模式，两人想尽了种种办法：改变做爱地点，变换性爱姿势，用情趣用品……大多数夫妻用过的招数，几乎都用了一遍。的确，这些招数为他们死气沉沉的性爱注入了新的血液，两人活力迸发，度过了一段快乐时光。

可是，时间一长，他们的性爱又重新陷入了乏味和无趣。性生活的冷淡直接影响到了他们之间的日常交流，对话一天比一天少，谁也不愿开口，彼此之间都有种无话可说的感觉。长久的沉默使得两人的感情开始疏远，渐渐地，苗雅欣的情绪开始焦躁不安，常常冲冯岩发无名火。好脾气的冯岩接纳了她的蛮不讲理，但是后来有一次苗雅欣半夜醒来，发现丈夫不见了，她睡眼惺忪地打开卧室的门，顿时一股浓烟扑面而来，原来冯岩在客厅里一支接一支地抽烟，烟灰缸都插满了烟蒂。见妻子出来，冯岩勉强挤出一丝笑容，说睡不着，然后就低头上了床，背对着她躺下了。

见丈夫这样，有时苗雅欣的心里会滑过一丝内疚，她默默地想，性爱是两个人的事，怎么能将一切全都怪到他头上呢。虽然这么想，她也尽量忍耐着不冲丈夫发火，可是她实在不知道，用什么办法才能解决横亘在两人之间的问题。

虽然结婚好几年了,因为苗雅欣很注意保养和妆扮,对衣着服饰的搭配也十分讲究,所以,从外表上看,她还和从前那样光彩照人。因为在一个广告公司做公关,她要和各种各样的男人接触,经常会有一些频频向她献殷勤的男人。面对那些青睐的目光,她有时候会有一种心跳不已的感觉,甚至有时真想来那么一场婚外情。可想到丈夫对她的好处,想到两人之间的感情,她将自己内心的蠢动死死压下了,不该发生的,一切都没有发生。

就在这个时候,因为工作的需要,苗雅欣被调到另一个城市的分公司,她和冯岩不得不过起了两地分居的生活。因为两地相隔有五个多小时的路程,所以一到周末,不是她回家就是丈夫过去她那里。距离产生新鲜感,积蓄了几天的欲望使得两人都有种迫不及待的感觉。似乎不用刻意地去营造氛围,他们就能够达到新婚时那种甜美畅快的感觉。为此,她和冯岩都十分高兴 —— 终于不必再为性爱的无味而沮丧了。"小别胜新婚,这话一点不假啊,怪不得书上都在说距离产生美。"尝到了甜头的冯岩美滋滋地感慨着。

两年的时间里,他们就是在这种你来我往、聚散两依依中度过的。随着孩子的出世,苗雅欣被调了回来,两人又回到了同一个屋檐下。喜新厌旧是人骨子里的劣性,性是神秘和极具新鲜感的东西,不可能愈久弥新。过了一段时间,苗雅欣就发现,她和丈夫之间的性爱又成了一种例行公事,"每周一歌",冯岩这样来形容固定在每个周末晚上进行的一次性爱。这话有点自嘲,也有点无奈。

好不容易,苗雅欣又争取到了一次短期出差的机会。她带着丈夫的叮咛和几天后重逢的期盼出发了。可是冯岩等到深夜,约好的平安电话还是没打回来,手机也是关机状态,冯岩急得像热锅上的蚂蚁来回转着圈,可是又联系不到妻子。终于,他的手机响了,一接听,电话那端就传来了苗雅欣坏坏的声音:"亲爱的,担心我了吗?"冯岩生气地质问她为什么不打电话,妻子说道:"生气了?这说明你还想着我嘛,别再气了,几天后我回来任你惩罚,任你宰割。"苗雅欣一席话让冯岩的气一时间烟消云散,两人又在电话里卿卿我我缠绵了好半天。那些曾经消失了的绵绵情话,如涓涓流水般从两人口里流淌出来,他们的恩爱仿佛又回到了热恋时代。

点评：

人类的性欲有一个特点，一次满足之后，要经过一段时间，欲求才会出现。生活在一起的夫妻，性生活一般都有规律，夫妻小别，规律性生活中断，被阻断的有规律的满足就不断地累加，所以心理渴望相对强烈，感受自然不同于以前。而且相会之前，对快乐的思念诱导着双方的想像，渴望被反复地强化，给重逢营造出胜新婚的氛围。这就是"小别胜新婚"的原因所在。了解了这个原因并有效地利用它，夫妻之间的性生活自然就会时时更新、充满趣味了。

四、家庭建设

婚姻保鲜红绿灯（妻子篇）

看你现在有多少私房钱

家庭的基础有两个,一是爱情,二是金钱,缺一不可。通俗点儿说:有爱情还要有面包,文雅点儿讲:经济基础决定上层建筑。离开金钱,至少也会影响爱情,这无人能否认得了。不过,钱虽是好东西,但也是个"坏奴仆"。在家庭生活中万不可将钱看得太重,如果你天长日久地对钱铆足了劲,总用"计划经济"管对方,使得对方没有一点"搞活经济"的自主权,那么势必物极必反,对方也许总有一天会不执行你这种"政策"而溜之大吉。如果婚姻这个爱巢里没有了"那只鸟",这时,你的思念会因为对方的缺席而滋长,你也许才真正意识到,钱毕竟是死的,人才是活的,只有人才是情感楼宇的顶梁柱。

1. "财权"面前不"眼红"

　　孟达是一家国有企业的车间主任,几年前,单位下达了一份关于分房的通知,其中有一条规定,只有已婚者才有资格排号,而孟达却是单身。为了能分到房子,孟达通过网上的一家征婚网站认识了江梅,两人交往了不到半年,就登记结婚了。

　　因为房子还得等三个月,登记后两人就暂时在孟达的单身宿舍里安了一个小窝。住到一起,孟达才发现江梅这个人很看重金钱,她把丈夫的工资卡得死死的,每月只给两百元零花钱,其余的全由她支配。平时的饭菜,基本由她从单位食堂买回来,周末难得做回饭,也清淡得引不起食欲。孟达心里不满意,就质问妻子两人加起来四千多元的工资花在哪里了,江梅却振振有词地罗列着花销,水电费、煤气费、公交费,还有吃穿用度等等,最后说还得存下一部分以备不时之需,比如生病住院、过年过节送礼之类。

　　没过两个月,孟达就发现了猫腻。国庆临近,孟达想给双方父母买点东西,江梅虽然同意了,但是强调不能超过四百元,说两个月只剩下了四五百。孟达不相信,要账本查看,起初江梅不肯,在丈夫的一再要求下才拿出来。孟达一看,原来江梅并没有把自己的工资加到家庭开销里面。面对怒不可遏的丈夫,她大言不惭地说:"男人养家不是天经地义的吗? 再说我把钱存下来又不是拿去乱花,马上装修不要用钱吗? 当然,如果你能拿出十万来装修房子,我就不用这么辛苦地存钱了。"之前给她家聘礼,给她置备衣服和首饰,孟达已经花去将近三万,一个普通的工薪阶层,哪有十万元啊,拿不出钱,孟达也就没了底气。

　　转眼到了分房子的时候,拿到钥匙的那天,本来应该是一个高兴的日子,可夫妻二人又为装修费产生了分歧。按江梅的意思,孟达娶她,最起码得花五万,但他只花了三万元左右,所以剩下的两万元,孟达应该"补"上,没有的话,可以向家里要。听到这些话,孟达的心凉了,但是转念又想,既然已经结为夫妻,日子还得继续往下过，没必要计较太多，他东挪西凑了两万元交到妻子手里，装修才得以开工。

装修的时候，每一笔花费孟达都得向妻子汇报。有一次，江梅选的地板没货了，孟达就自作主张换了另一种，只比原来那种贵五元钱。江梅知道后，硬逼着丈夫把定金要回来，孟达觉得不差五元钱，江梅却让装修工人停了工。

折腾了一个多月，房子终于装修好了。江梅决定出去旅行一次放松放松，当是犒劳自己一下。这样的要求，孟达必须满足，于是他开始找旅行社、订机票，待一切都安排妥当，却突然接到父亲的电话，说是母亲多年的眼病恶化，医生建议尽早手术，否则等待她的将是失明。一急之下，孟达当即取消了行程，江梅却嫌丈夫不跟她商量一下就擅自决定，狠狠地发了一通脾气，末了，她又说道："做手术没问题，但是手术费用，咱可没有，家里这点钱还得预备着旅行呢！"

孟达心灰意冷，对未来一片困惑……

点评：

在这段失败的婚姻中，江梅当仁不让地成了"破坏者"，她用那双抓钱的手，亲自关上了通往幸福的大门。面对这样一个视金钱如生命的自私妻子，试问哪个丈夫能够淡然接受？

不是危言耸听，如此极度"拜金"而消极对待感情的人，不止会断送自己的幸福，也伤害了与她生活在一起的家人。事实上，与其用自私与顽固来造成与丈夫的更大对立，不妨用一点点豁达的心来解决问题，唯有如此，生活才可能呈现出完全不同的状态。

2. "私房钱"也有游戏规则

"我可以很负责任地告诉你,老公很生气,后果很严重!"这是知道妻子第 N 次翻看钱包后,郑振明留在钱包里的纸条。"什么时候我们家才能天下无'贼'啊?"郑振明心里感叹道。

说到钱,不少人曾经接受过传统教育:钱乃身外之物,视它为重,俗之又俗。郑振明就是这类人,他为人特别豪爽大方,每每与同事、朋友吃饭,抢着付账的必然是他,再加上平时抽烟喝酒的兴趣,花钱自然大手大脚。

郑振明在一家文化公司上班,工资不高,妻子唐玉莲则在当地有名的商城租了间小门脸儿卖文具之类,两人虽说衣食无忧,但也是赚多少花多少,几乎攒不下多少钱。一看到丈夫豪气满怀大把大把地花钱,唐玉莲都会感到心疼,为彻底改造他的这个"不良爱好",她决定独揽"经济大权"。郑振明也老实,每次工资都如数上缴,有时一进家门,妻子一看他那含笑的眼睛就知道他又发奖金了,于是他连奖金也常常因沉不住气乖乖上交。男人总是要面子,也总是有些狐朋狗友的,外加郑振明还喜欢买点彩票,年迈母亲那边背着妻子也要经常孝敬,没有钱怎么行? 于是他开始干起了撰稿的私活,来了稿费就偷偷存下来以备万一,"私房钱"也就"应运而生"了。

存"私房钱",是一件需要高智商的事儿,对郑振明这样"一根筋"的人来说,显然是力不能及的愿望。某日,他兴高采烈拿了张彩票跑回家:"老婆,我中了200 元大奖!"谁知唐玉莲非但没高兴,反而把杏眼一瞪:"老实交待,买彩票的钱哪儿来的?"郑振明的满面笑容立刻僵住了,半张着嘴愣在了当地,辛辛苦苦攒了两个月的"私房钱"理所当然地进了妻子的腰包。

第二天是周末,郑振明一睁眼,发现妻子已经走了。他起床洗漱完毕,将要出门时,才发现钱包里就只有一张 5 元纸币外加一张纸条:"鉴于该同志私藏'小金库'的行为极其恶劣，影响极其深远，态度极其不老实，现决定，免除其一天的正常花销，以示惩戒！"郑振明怒火中烧，他翻箱倒柜地四处"搜刮"，但怎么找也找不出一分钱来，急着出去办事，只好选择坐公交车。开往目的地的车是自动投币2元，上车后他将那5元纸币投进去，站在投币箱旁等了半天，才凑够了剩下的3元。

办完事儿返回的路上，郑振明一直在祈祷：但愿不要半途坏车，否则烈日下他只能走路回家……妻子下班后，两人为此事争论了半天，郑振明说自己存点钱理所当然，唐玉莲则理直气壮地指责丈夫不为家庭建设做贡献。看着妻子嘟着小嘴生气的表情，郑振明哭笑不得，最后勉强在表面上服软了。

后来相当长的一段时间，两人全力奋战在有关私房钱的"侦察"和"反侦察"最前线，这似乎已经成了他们半真半假的游戏，为了"藏"钱，郑振明无所不用其极，但无论藏在哪里，唐玉莲找不到就誓不罢休。最后他也学乖了，每次有了外快，就故意在一处隐秘的地方放一少部分，剩下的存到了自己偷偷开的一张卡上，这样倒也相安无事。

可是，智者千虑，必有一失。郑振明一个从小就一起玩的哥们儿结婚要送红包，他想多送一点，妻子却坚持"礼尚往来"，他们结婚的时候哥们儿送多少，这次就给多少。郑振明觉得那点钱拿不出手，就偷偷用自己的"私房钱"补足了1000元。

没过多久，房价有松动的趋势，两人当机立断决定买房，凑来凑去首付还差两万块钱，他们只好四处借钱。也巧，当初结婚的那个哥们儿正好来玩，听说了这事，当场就允诺借他们一半儿。唐玉莲非常意外，一个劲儿地感谢，谁知哥们儿却说："嫂子真是不把我当兄弟，当初我们结婚有困难，你和大哥送了1000块的厚礼，现在你们有困难，我能袖手旁观吗？"此话刚出口，郑振明就蒙了，朋友一走，面对横眉竖目的妻子，他主动将自己攒的一万多元乖乖地交了出来，这才没酿成大"祸"。

胆战心惊地睡了一夜，郑振明以为这次"私房钱"真的成为一种奢望了，可醒来后翻看钱包，却惊喜地发现二百元钱和一张纸条："老公，我藏'私房钱'的时候，你还是'三好学生'呢，所以不要跟我玩儿'智斗'啦！不过鉴于你这次态度良好，奖励你二百！"

现在,郑振明继续四处"藏"钱,唐玉莲也继续"围追堵截",只不过丈夫藏钱的地点越来越明显,而妻子却偏偏变成了"近视眼",常常对摆在眼前的"私房钱"视而不见……

点评:

"私房钱",这个曾经引起无数家庭战争的词汇,在唐玉莲的家庭中,俨然变成了调剂两人感情的"游戏",这除了丈夫的"大人大量"之外,妻子的通情达理和巧妙智慧也起到了很重要的作用。

婚姻生活中,本来就充满着不可预知的危机,一旦出现这种情况,冷静面对沉着应付,变破坏力为润滑剂,何乐而不为呢?

3.购置房产不当"霸王花"

廖凯和妻子秦婉是在广东中山的一家台资企业认识的。他毕业后即从头做起，进入这家企业当车间操作工，过了一年，由于他头脑反应灵活，做事又勤快，被提升为组长。2003年，他与同厂的秦婉恋爱并结婚。又过两年，廖凯已不满足于当一个车间组长，他觉得这样下去，就算再干上10年，顶多当个生产经理，月薪也只不过几千元。而他的一个同学在深圳做销售，月收入上万元。因此，他开始急切地充电，利用业余时间看销售书籍，希望提高自己的就职能力。一个机会，企业要招聘业务员，他毅然报了名。业务总监不解地问："你做业务是为了什么？"他脱口而出："为了钱！"话音刚落，便引来了旁人的一阵哄堂大笑。

没多久，廖凯就成了公司里的一名业务员，由于一切从头开始，那段时间他吃尽了苦头，也受了很多委屈。一方面，每天日晒雨淋、东奔西走的生活，比起过去那份在车间"当官"的工作劳累多了，而且月收入仅一千多元；另一方面，妻子无法接受他"愚蠢"的选择，天天跟他吵架，说他放着轻松、待遇还不错的工作不要，偏去自己找罪受。那段时间，为了完成当月的销售额，拿下一个大单，他竟在饭局上陪客户连喝了15瓶啤酒，造成胃出血，差点丢掉了性命。

2006年初，廖凯和妻子已有了10多万积蓄，这在中山完全可以供一套房子，甚至能一次性买套小房子。但他不想买房，他当时正在一边工作一边参加销售管理方面的培训，希望自己以后能开厂当老板，而且他通过阅读大量名人传记发现，很多成功人士都是先创业后买房。可是，妻子不赞成他的想法，她早已住够了出租房，况且，2006年，国内房价暴涨，她认为买房既能解决住的问题，成为"城市人"，又可当作投资。如此一来，夫妻俩的矛盾日益尖锐。

2007年春，廖凯被公司派到长沙做销售代表，月收入还算不错。可是，尽管他在职场扶摇直上，他的婚姻却开始亮起了红灯。随着社会阅历、工作经验等越来越丰富,他已经迫切渴望自己开工厂了,而妻子在房价疯涨的情形下,也对他不买房的"执拗"行为忍耐到了极限。这期间,他们大吵小闹不断,都不能说服对方。为了不导致夫妻因两地分居而激化矛盾,他让妻子也向企业申请调到长沙,但妻子拒绝了,她给廖凯发出了最后通牒:要么在中山,要么在长沙供一套房子,要不就分道扬镳。廖凯因此陷入了深深的痛苦矛盾之中。

他苦口婆心地向妻子解释,说如果拿他们的存款做首付买下一套房子,那他们需要月月还房贷,未来的一二十年,他们就被"套牢"了,想创业也会畏手畏脚,就会成为实实在在的"房奴"。要是这样,还不如先拿这笔存款干一番事业,等赚了钱再买房也不迟。可无论他怎样劝说,妻子都不答应,她愤慨地说:"反正我是不愿意跟你租房子住了,你要折腾就一个人去折腾好了!"

面对态度强硬的妻子,廖凯很是苦恼。这时,他和妻子已经有25万元的积蓄,开一间小工厂的理想马上就能实现,他频频打电话与妻子沟通,甚至亲自跑了两趟中山和妻子面对面交流,妻子都听不进去。廖凯第二次回中山的时候,妻子甚至甩出一张离婚协议书,说要不就买房,要不就签字,廖凯无言以对。望着态度坚决的妻子,他狠狠心,在那张纸上填下了自己的名字。

离婚后,两人的存款,秦婉拿走了15万元,而廖凯只剩下10万元,本来就在眼前的创业梦想似乎离他越来越遥远,他苦闷至极,不禁独自醉倒在长沙街头。酒醒之后,他振奋起精神,决定放手一搏。他向公司递交了辞呈,带着所有的钱继续漂泊去了浙江,在那里,他找到了一位志同道合的朋友,两人联手开创事业。仅仅三年时间,廖凯由一个原本只有几名员工的小老板,变成了身价两千多万的公司总经理。他不忘旧情,回去找秦婉,可秦婉已经再婚了,她也算如愿以偿,买了一套房子。但是,正如廖凯所料,她与再婚丈夫被月供压得喘不动气,只能安分守己地给人打工,怕一旦丢了工作,还不上房贷……

点评:

女性经常被人们称为"筑巢动物",她们都渴望有一个自己的家,有一套属于自己的房子,这本身是合情合理的,只是对于购房,需将目光放长远,理性地去对待。因为很多时候,女性对于购房的态度太过霸道,长久来说,不但不会让生活变得美好,反而会成为家庭经济改观的绊脚石。如果丈夫能拿购房的钱继续去创造更大的财富,那么,何不支持他放手一搏呢?

4. 当家不做"吝啬婆"

日常生活中,节约,是一种美德,该花则花,不该花则不花,这也是一个人善于理财的表现。但是节约过度,成了"吝啬鬼",那就不怎么讨人喜欢,甚至会惹人厌烦了。

王勇和宋琳属于"闪婚"一族,通过婚介所认识一个月左右,两人就登记了。由于宋琳来自农村,观念比较保守,非常排斥婚前同居,所以直到登记后,她才从自己的出租房搬到了王勇买的婚房中。

搬家那天,着实让王勇吃了一惊。宋琳的东西,林林总总装了一卡车,琳琅满目,什么都有,从已经变形了的折叠衣柜,到断了又绑起来的衣服撑子、没了把的暖瓶,甚至还有一大包超市里的购物袋。王勇自己有一家小印刷公司,算是中产阶级,看到新婚妻子这堆破破烂烂的东西,就让她扔掉,全部换新的。可是宋琳却坚决不同意,就算一些不能用的东西她也非要留下来,说这是为了节约。因为刚刚结婚,王勇也就没有勉强她,指挥着搬家公司将所有物品一股脑儿地塞进了新家。

步入婚姻生活后,王勇逐渐发现,妻子一直提倡的"节约",并不是正常的节约,而是到了一种"抠门"的程度。

怎样度蜜月,成了这对新婚夫妇面临的第一个问题。按照王勇的意思,两人拿出一周左右的时间去旅行,宋琳却犹豫了,因为她怕花钱。在丈夫的一再劝导下,宋琳终于同意了,但是她选定的目的地又让王勇苦笑不止,旅行社提供的景点很多,有三亚的热带风情、苏州的同里古镇,还有北京、上海等大都市,最后宋琳竟然圈定了近在咫尺的济南。到了济南后,住宿她选最便宜的,吃饭她挑最普通的,进了景点,她只玩不收门票的。王勇实在受不了妻子这种小家子气,草草玩了一天一夜,就带着妻子败兴而归了。

日常生活中，宋琳的"抠门"也无处不在。王勇是一个比较讲究情调的人，每逢节假日，他总会送妻子一束玫瑰花之类的小礼物。他以为妻子会雀跃欢呼，给他一个拥抱或者香吻，可是当宋琳看到这些小礼物的时候，不但没有一丝高兴的神态，反而要数落他半天："花这钱有什么意思？居家过日子，这些钱能买多少斤大米！"他买了红酒，想在周末吃一顿浪漫的烛光晚餐，可是听了红酒的价格后，宋琳一把将酒夺过来，小心翼翼地藏在了厨子里。这样反复几次以后，王勇热情的火焰终于被妻子的"抠门"扑灭了，他几乎再也没有送妻子小礼物，即使偶尔想起，也只是送些实惠的东西，"烛光晚餐"更是他想都不敢想的。

只对自己"吝啬"，王勇还能勉强忍受，可社交中妻子"老毛病"不改，却让王勇难以忍受。

每逢有朋友来家里小聚，王勇让妻子去筹备，摆到饭桌上一看，几乎全是"清一色"，即便略见油星，也不过是几片火腿几条小鱼，她还大言不惭，美其名曰"健康"吃法。面对朋友们掩饰的神色和揶揄的话语，王勇的脸经常像喝多了酒一样，红彤彤的。

后来王勇也学乖了，改成在外面请客，但是这也改变不了妻子"节约"的行为。有一次，几个朋友从外地过来，王勇带着宋琳去吃饭，一桌人谈笑风生其乐融融。等到吃完了要走时，宋琳突然喊来服务员要把剩菜打包带走，在外人面前，王勇也不好说什么，笑着打圆场道："这也算是一种美德啊。"可是在打包完了以后，宋琳竟然还要带走已经喝完了的易拉罐，又将桌上放着的餐巾纸使劲塞到了自己的包里……

王勇的脸上实在挂不住了，他扔下面带礼貌笑容的朋友和正在踅摸东西的妻子，愤然而去……

点评：

居家过日子需要节俭，需要集腋成裘，积少成多，但切记不能太过，当"节约"升级到"吝啬"，那价值观就出现问题了。按照巴尔扎克的说法，"吝啬鬼"之所以吝啬，就是占有欲太强烈了，这类人看似节约，实则却想霸占整个世界，这种欲望强烈的人，在重大问题上往往表现得过于自私，至于自私的人能否赢得婚姻，这已经不是一个值得讨论的话题了。

5. 勤俭不做"购物狂"

"叮咚,叮咚……"一个周末的上午,挂在墙上的对讲机突兀地响了起来,王浩边看着报纸边拿起了话筒。又是送快递的,他紧紧皱着眉头,狠狠地摁了一下开门按钮,随即转身对着还在卧室睡觉的妻子喊道:"买,买,买,一天到晚买东西,这家非让你给败了不可!"

这半年来,妻子张倩疯狂地爱上了网上购物,时不时地就会有快递员上门送货,最多的时候,一个月能消费一万多,这让王浩着实有些烦不胜烦。

说起来也怪王浩,妻子网上购物,还是他教会的。王浩喜欢买书,有一次他听同事说,在网上买书可以享受到不少的优惠,而且送货上门。抱着试试看的心态,王浩特意开通了网上银行,买了几次后,他确实觉出了网购的方便实惠,于是就手把手教会了妻子。让王浩想不到的是,他这下却给妻子开辟了新的购物战场。

第一次,对网购半信半疑的她小试牛刀,买了一个在商店里相中的手提包,款式一样,价格却比专卖店标的便宜一半还多。她本来没抱太大的希望,钱又不多,即使货不好也不心疼,可是等手提包拿到手以后,她发现竟然和商店里的一模一样,情不自禁沾沾自喜了起来,王浩也美滋滋的,他可是这个"购物新大陆"的发现者呢。

从那时候起,张倩便踏入了网购的"江湖"。她每天就像患上了"强迫症",一上网,网页上开十几个窗口,全是些货品。张倩似乎也把网购当成了自己的减压方式,"到网店狂购,不停下单,感觉很畅快"。起初,张倩也怕不保险,不敢买大件的东西,可是渐渐的,胆子就大了起来,连彩电、空调都是从网上买的。小东西就更别提了,化妆品、内衣、饰品、茶叶,连花生米都是从网上订购的。网店送来的包裹到处都是,家里摆得简直像个仓库。

最让王浩窝心的倒还不是这个,关键是她买的这些东西大部分都是浪费,一时半会儿根本用不上。那一次，张倩想给家里添置一个慢跑机，就花 2000 块钱订了一个，买回来用了不到半个月，就扔到阳台上了，现在都蒙上了一层土；她听人家说，喝豆浆好，就买回来一个豆浆机，又说喝果汁好，买回来一个榨汁机，可这两样东西都没见她用过几次。她经常会觉得买一件也要出那么多快递费，还不如多买几件，加上东西本来就比商场便宜，所以常常会好几件商品打包拍下。半年下来，家里的存款数额直线下降，惊人的购买力，让她很快就成为钻石买家，但是很多东西买回来甚至懒得拆封，都杂乱地堆在了地下室里。

张倩的狂购终于让王浩意识到了问题的严重性，他开始阻止妻子网上疯狂购物的行为。看着买回来的东西闲置着，张倩也挺后悔的，并一再保证，以后再也不这样了，可是一坐到电脑旁就喜欢上去看看收藏的网店有什么新货上架，或者浏览一下网站有什么时尚新品推出。往往就是这么随意地看看，不经意间就会买下不少东西，不然就会觉得手痒心痒。

王浩在一家外资银行工作，如果放在以前，偶尔的奢侈消费并无大碍，可是因为金融危机的影响，形势非常不好，银行大幅裁人，王浩虽然保住了饭碗，可是工资却缩水大半。张倩一个月的收入有五千多元，以前两人的收入除了零用，每个月还会有些盈余，可是现在，不但薪水花得干干净净，每个月信用卡还有透支。当初在网上买东西是为了省钱，可谁料到，这最后却成了"打着便宜的幌子，过奢侈的网购瘾"。

如果还像以前那么大手大脚的，肯定不行。王浩多次提醒妻子要控制消费。张倩似乎听进去了，将家里电脑上收藏的网页全部删掉，也坚决不浏览网店了。可是王浩还是发现了问题，原来信用卡的对账单有几笔不对。再三追问下，张倩承认，那是她在办公室下的订单，而买的东西都改送到了办公室。

张倩的"明修栈道暗渡陈仓"，让王浩更恼火了，他忍不住和她大吵了起来。如果按照这样的消费水平，家里的积蓄很快就会被她花光，万一将来有什么事，就凭两人的这点薪水，怎么堵这个窟窿啊。一想到这些，王浩的心里就没了底气。

而张倩也觉得很委屈，就这么一点事，值得这样大动干戈吗？再说了，她上网买东西，是考虑到一些东西的价格比较实惠，这也是为了给家里节省开支，丈夫怎么就不理解呢？

　　两个人谁也不服软,战火不断升级。最后,王浩干脆和张倩搞起了 AA 制,唯恐妻子把他的薪水也给 "支付" 了。这一下真伤了张倩的心,她随即去法院起诉了离婚。谁也想不到,曾经备受两人追捧的网购,而今却成了婚姻的杀手。

　　点评:

　　不可否认,网上购物确实为广大 "网虫" 们带来了巨大的方便、快捷和实惠,网购也渐渐成为一种全新的生活方式,但往往这种没有 "现金交易" 的购物,会在不知不觉中让你的 "钱包" 瘦身,等到发现的时候,却为时已晚,甚至会患上购物成瘾的心理问题。文中的张倩,显然就犯了这样的错误,她跟丈夫的婚姻危机,很大程度上就是这种不顾自身条件的 "疯狂购物" 造成的。

　　面对这样的问题,除了丈夫要冷静对待,加强与妻子的交流外,妻子本身,也应该深刻地反思一下自己,不要因为区区几件小物品,而断送了本应美满幸福的家庭。

6. 不做"甩手掌柜"

张锡芸是个很要强的女人，她生在山东一个贫困的农村家庭，从小受着"人穷志不短"的教育，不论是学习成绩还是各项评比，她样样力争第一。受家庭条件的限制，她16岁就早早步入了社会，一路走来，吃了不少苦头，但她毫不在意。她与丈夫聂强的结合，出乎许多人的意料。聂强是城市户口，一米八的健硕身材，长相潇洒英俊，而张锡芸呢，身高刚足一米六，相貌也不好看，严格地说，应属于中等偏下了。也正因如此，她一直觉得有愧于丈夫。

年轻时，夫妻俩都憋足干劲儿，硬生生地闯出了一番天地，十几年的时间，他们白手起家，有了自己的工厂，工厂设有外贸办公室，产品远销国外。在大家的眼里，老板娘远比老板"厉害"。夫妻俩住在工厂里，一年四季，张锡芸总是五点之前起床，把车间、仓库、办公室都巡视一遍，以确保生产运转时不会出差错，各个生产、销售环节她也严格把关，做到心中有数。聂强就不同了，他到了天命之年，更倾向于享受人生，对于工厂的管理，他也只是坐在最高层"统筹规划"。但这对夫妻在家里时，"管理角色"却掉了个个儿。

张锡芸酷爱工作，但她对家里的经济问题，却是不闻不问。她有个奇怪的习惯——爱用现金。不论什么时候，只要来了现金，她不入账，也不存款，而是将一摞钱随手一塞，转头就忘。一来，她钱多，二来，她对数字不敏感，很多时候，她都记不清自己把钱塞到哪里去了、塞了多少。她每日穿梭于车间、仓库之间，也不善于整理家务，聂强经常在收拾屋子时，就在衣服底下、书堆之中抖出一沓钞票。他批评妻子，妻子却"恶习难改"，后来，她干脆将财政大权全权交了出来。张锡芸是个很外向的人，她有个外号叫"广播站长"，她将交出家里财权的事讲给闺蜜听，闺蜜提醒她，女人不管钱是很危险的，但她充耳不闻。

张锡芸是在交出财权一年后察觉丈夫不对劲的。她是个粗中有细、相当精明的人，当发现丈夫经常独自外出，且时时关注自己的手机时，她有了危机感。对着镜子，她看到年近五十的自己已经胖得不像样，一张圆脸盘上的肉也松弛了，更显难看。在商场摸爬滚打这么多年，她见惯了有钱老板与年轻女孩之间玩的把戏，她跟丈夫摊牌，说不管那个女孩是谁，给她一笔钱，让她消失，至于丈夫出轨的事，她原谅他这一次，不会告诉孩子，但绝不允许有第二次。二十多年的夫妻，聂强很了解妻子，面对她直白的态度，他无从辩解，只好答应了她的要求。

张锡芸以为这件事就这样过去了，加上丈夫的表现很好，她慢慢放松了警惕，仍每日忙碌于工厂的琐事之中。岂知，一年之后的夏天，丈夫突然失踪了。张锡芸急了，她发动了所有的关系寻找丈夫，甚至去警局报了案，但丈夫仍下落不明。正当各种流言与猜测纷起时，聂强又出现了，他的手机在外地用了一次。张锡芸顺藤摸瓜，找到了丈夫。眼前的场景让她险些昏厥过去，丈夫正与一名年轻女孩亲密地靠在一起，他们跟前，还有个长相酷似聂强的男童，看上去已经有两岁了！

共历风雨的丈夫不但背叛了自己，还在外面有了私生子，这冲破了张锡芸的忍耐极限，尤其是听到丈夫坦白，他还给小情人买了一套房子，并先后给了她大约15万元现金时，张锡芸气疯了。而且，还有一个让她抓狂的事实，丈夫的情人，正是她闺蜜的女儿！婚姻、友情的双重背叛让张锡芸失去了理智，她一纸告状，将丈夫与他的小情人告上了法庭，要求追回金钱损失。毫无悬念，张锡芸赢了，但法院的判决是一回事，原告被告各自回家执行起来却是另一回事。聂强与情人之间有没有真感情先不说，但他老来得子，舐犊情深却是不争的事实。他当着亲属的面跪在妻子跟前，老泪纵横，他求妻子高抬贵手，再宽恕他这一次，而房产与钱，就不要追回了。

张锡芸与聂强生有一儿一女，孩子们心疼父亲，也替他求情，张锡芸心一软，答应了丈夫的要求。但到了这个时候，她仍然没有意识到自己做"甩手掌柜"的危害，她只是将财务通过工厂控制了起来，丈夫要取钱，需先征得她的同意。

事情还没有完。张锡芸的闺蜜不顾多年的友情，领着女儿到工厂门口闹，其意昭然若揭——想多拿些"抚养费"。张锡芸气得住进了医院，她给会计下了死令，不许让聂强取走一分钱。但是，她的"远程指挥"远远没有丈夫"当面控制"有效，聂强看着儿子天真可爱的脸庞，于心不忍，硬是逼会计从账户里划走了10

万。张锡芸得知实情后，终于痛定思痛，下了狠招。她亲自上阵，把钱全部转入了自己的账户，并监管得滴水不漏。闺蜜知道张锡芸的脾气，她断定再闹也无望，说不定惹怒了张锡芸，她会再度动用法律手段追回所有经济损失，那样，自己与女儿也就得不偿失了，所以，她收起了那套一哭二闹的把戏，自觉地"退隐山林"。

风波似乎平息了，工厂又恢复了往日的井然有序，但这件事却在张锡芸与丈夫之间留下了无法愈合的创伤。她知道，丈夫虽然有错，但她自己的"甩手"习惯也是促成事情发生的客观原因。如今，她只有在懊悔之中想办法补救婚姻的裂痕了……

点评：

俗话说，男人有钱就变坏，女人变坏就有钱，这个观点未免有些偏激，但也有其一定的道理。作为妻子，完全不管钱是一种胸怀，但绝对不是智慧。在这个物欲横流的社会，金钱与美色的诱惑无处不在，所以，妻子可以不紧抓家庭经济，但一定要知道丈夫开销的去向。掌握大局，才能及时铲除婚姻当中的危机隐患，从而让婚姻更加长久。

7. 漠视 "官本位"

做一名 "官太太"，或许是一些女性梦寐以求的事情，甚至有人在社交场合中见到 "官太太"，也不由地心生艳羡，但是 "官太太" 们背后的故事，却往往被人忽略掉。跟普通人的妻子相比，"官太太" 要承担的可能更多，日常生活中有些事情若是处理不当，就会产生一系列不良后果。

赵光在大学里学的是中文，毕业后回老家报名参加了公务员考试，并以优异的成绩考入了市政府秘书科，也就在这一年，他跟高中同学宿洁成为了夫妻，可谓是爱情事业双丰收。

宿洁也在当地一个事业单位上班，结婚后，他们先后买了房子、汽车，又有了一个可爱的儿子明明，小日子过得虽然平平淡淡，但也有滋有味，在同事朋友眼中，他们算得上一对模范夫妻。两年后，赵光又升为秘书科副科长，看起来前途无量，妻子宿洁也觉得选择了这个丈夫是自己英明的决定，她甚至开始期盼着丈夫的下一次升迁。

斗转星移时光荏苒，弹指间，十年过去了。这时候，宿洁突然发现一个很严重的问题：跟丈夫相同资格的那些同事们，调走的调走，升迁的升迁，唯独赵光，整整十年，还是窝在副科长的位子上 "迎来送往"，连现在的顶头上司，都是当年他手下的一个小兵。

受所学专业的熏陶，赵光养成了淡泊宁静的性格，对于官场上的那些勾心斗角尔虞我诈根本就没有兴趣，不升迁不提拔他心里也无所谓，干好自己的本职工作，在他看来就够了。但是宿洁则跟他截然相反，自从丈夫的手下升成科长、处长之后，她就不断地念叨着让丈夫想想路子往上爬一级。

对于请客送礼打点关系，赵光是深恶痛绝，所以对妻子的提议，他直接来了个不理不睬,见他这副"胸无大志"的样子,宿洁也是急在心头。

市政府秘书长跟他们住在一个小区,两家的孩子也是同岁,宿洁决定先从孩子身上入手。她暗中叮嘱儿子明明,放学后带秘书长的儿子小鹏来家里玩。小鹏来了以后,宿洁是极尽巴结之能事,好吃的好玩的统统搬了出来,甚至给八九岁的小孩子喝饮料的时候,她的腰都是微微弯曲着的。可就在她到厨房榨果汁的工夫,明明竟然为了一件玩具把小鹏打哭了,听到哭声,宿洁几个箭步冲到房间,一把夺下玩具,就开始喝骂自己的儿子不懂事:"连你爸上司的儿子你都敢打,你还翻了天了!"

这话正好让刚进门的赵光听到,他放下公文包,将受了委屈的儿子揽到怀里轻声哄着,等妻子给小鹏装满了一书包东西并把他送走之后,赵光就开始批评宿洁"官本位"的价值观,宿洁却反唇相讥:"'官本位'?你不升迁,连儿子都得低人一等!"两人为此事闹了好几天的不愉快。

事后,宿洁还是不死心,她暗暗发誓,一定要帮老公"官升一级"。

有了儿子这块跳板,她跟秘书长的夫人就认识了。有一天,宿洁从街上的礼品回收店买回了两盒铁观音,找了个空当儿,送到了秘书长家里,而她的这些做法,赵光一无所知。

没过几天,赵光下班回来,手里拎着一个包装精美的礼品盒,一进门他就纳闷地说道:"奇怪,秘书长怎么还给我送礼呢?我不要,他扔下就走。"宿洁接过一看,那竟然是前几天自己瞒着丈夫送的,只是两盒变成了一盒。她不敢隐瞒了,连忙将自己做的"小动作"告诉了丈夫。赵光先是狠狠地瞪了她一眼,然后赶紧打开包装盒,里面是两包鼓鼓囊囊真空包装的茶叶,再把袋子撕开,两人就傻眼了,里面哪是铁观音啊,分明就是一个个干桂圆!

犯了错的宿洁当即泪流满面,赵光心里也明白,如果自己还有一丝升迁机会的话,那么这一次就给砸了。虽然他一直标榜自己不求升迁,但是当得知没有任何希望之后,他的心里,还是有一丝失望,而这种失望,却是自己的妻子"送"给他的……

点评：

"官本位"思想的形成，有其特定的历史因素，从本质上讲，这是一种错误的价值观。当把这种扭曲的价值观带到家庭生活中，不但给处于复杂官场中的丈夫以更大压力，还会给正常的生活蒙上一层阴影。

宿洁的"聪明反被聪明误"，至少告诉了"官太太"们这样一个道理：你只是你丈夫的妻子，而非你丈夫"官职"的妻子，做好一个妻子应该做的，足矣！

8. 慎做"全职太太"

吴伟是名业务员,他怀揣着梦想从老家来到青岛,在这里,他遇见了美发师武慧娜。武慧娜酷爱美发,出徒后她租了间商品房开美容美发店,一交谈才知道,武慧娜与自己还是老乡,境遇也和自己差不多。两人一见钟情,本着结婚的念头确立了恋爱关系,并于半年后步入了婚姻的殿堂。

结婚时,吴伟的事业正处于蒸蒸日上的时期,他满腹激情,相信自己在不久的未来定能大展宏图。可他对于妻子的职业呢,却有着不敢言说的看法,因为他骨子里是个保守的人,总觉得美容美发行业不太正当。不久后,武慧娜怀孕了,她的反应很强烈,每当一进店门,闻到各种洗头水、染发剂的味道,她就会恶心、呕吐。趁着这个时机,吴伟劝妻子将店面转出去,在家安心养胎。武慧娜心中虽有千般不舍,但她考虑到自己的情况,不得不接受了丈夫的建议,在家当起了"全职太太"。

最初的几个月,武慧娜过得还挺自在,毕竟一人在外漂泊了这么久,难得有闲下来的时候,现在在家,她只需要收拾收拾家务、做做饭,其余的时间,都用来学习怎样照顾宝宝,虽然有时也难免有空虚之感,但她认为这只是暂时的,等孩子出生,她可以重操旧业,继续完成自己的梦想。可是,随着时间的推移,问题慢慢浮现了出来。

店面转租出去之后,武慧娜手上多了一笔存款,他们一室一厅的新房是租来的,每月房租一千五,除此之外,还有水电、物业、生活费等日常开支,武慧娜都坚持自己掏腰包,从不开口向丈夫要钱。就这样坐吃山空,武慧娜手里的存款慢慢见底了。她独立惯了,被逼无奈,才吞吞吐吐地向丈夫表露了实情,吴伟对此表示理解,并每个月给武慧娜两千元的生活费。孩子出世后,这两千元明显不够用了。而恰在此时,吴伟的事业转入了低潮,业绩上不去,拿到的薪水自然也就少了,生活的压力猛然间落了下来。孩子太小,武慧娜出去工作显然是不可能的,她想过让婆婆来帮忙,但又考虑到一室一厅的房子,再多一个人肯定住不开,便只好作罢。时间一长,两人困苦不堪,脸上几乎看不到笑容。

就这样撑了几个月,吴伟失业了。那段日子,武慧娜苦不堪言。只有亲身体验过才知道全职妈妈的辛苦,一天到晚,她忙里忙外没有闲下来的时候,而面对落魄的丈夫,她又要强作笑脸,鼓励他在新的工作中再创辉煌。可丈夫尽管重新上岗,话却越来越少,武慧娜想替他分担一下心中的苦闷,但两人一交谈,她才发现自己脱离社会太久,根本跟不上丈夫的思路。没有了共同语言,两人面对面时,不是沉默就是吵架。

女儿体质较弱,一次,她病得厉害,在医院住了三天,花去两千多元。看着缴费单,吴伟的脸黑了下来,怪妻子天天在家还照顾不好孩子。他对生活也越来越挑剔,不是嫌饭做得不好,就是嫌家里太乱。武慧娜委屈万分,与丈夫大吵一架,冷静下来后,她也理解丈夫,因为自从女儿断了奶,每个月光奶粉钱就将近一千元,再加上其他花销,这样算下来,即使再节省,家里的月开支也超过三千元,而丈夫的工资只有两千多,入不敷出,他的压力肯定很大。这样下去不是办法,武慧娜毅然决定复出。存款所剩无几,再租店面自己当老板肯定是不现实的,况且女儿需要照顾,她也没那么多精力,于是,她退而求次,上门应聘去给别人打工。

现实没有武慧娜想象中的那么顺利,繁琐的生活让她一年多没有看美发杂志了,去应聘时,她才发现自己的手艺早已过时,就算偶尔有那么一两家美发店愿意聘用她,但一听到她有个女儿需要照顾时,对方怕影响了生意,马上就改了口,让她到别处看看。处处碰钉子,武慧娜越来越自卑,再看到应聘广告,她连进门的勇气都没有了。回到家,她又想到找一份其他的兼职,可是她只有高中文化,除了美发之外,她什么也干不了。

苦闷中,武慧娜觉得自己患上了抑郁症,她最怕每个月初向丈夫开口要钱的时刻,照顾女儿时,她也小心翼翼,生怕孩子再生病,而且,她也不敢往老家打电话,万一父母身体不好,需要她的经济支援……想找人倾诉,但她察觉,自己原来的朋友早已与她是两个世界的人。

想到未来,武慧娜一片茫然。孩子大了要上幼儿园、上小学,即使丈夫工作再努力,他一个人能负担得起这个家庭吗? 自己与丈夫的差距越来越大,重压之下,他会不会将自己抛弃? 她越想越害怕……

点评:

许多"全职太太",其实是迫于生活的需要"被全职"的,她们为了家庭、孩子而放弃了自己的爱好、梦想,本是一件值得赞扬的"壮举",却因各种缘由落得个"费力不讨好",最终导致心理失衡,生活失去色彩。对此,妻子应摆正心态,首先要客观地分析丈夫是否能一人担起家庭的开销,然后再对自己当不当"全职太太"做出理智的决定。其次,即使丈夫经济状况优越,不必为物质生活担忧,"全职太太"们也要时刻提醒自己不要与社会脱节,处理家庭琐事之余,还要不断学习,及时为自己"充电",以免与丈夫的距离越拉越大,共同语言越来越少。"全职太太"不是个轻松的差使,妻子们应正确、恰当地去审视、对待。

9."嫁鸡"不可"随鸡"

这是一个真实而又悲情的故事。

十年前,黄美华刚刚 19 岁时,跟同村的小伙子阿耀恋爱了,可是这段恋情却得到了家人的一致反对。面对着一片"红牌",两人海誓山盟,双双离家出走,他们来到青岛郊区租了一间小平房,开始了卖菜生涯,有了一双儿女后,生活虽然清苦,小日子却也算其乐融融。在两人披星戴月的不断努力下,他们银行卡上的数字逐渐增加,流动的卖菜小三轮也变成了固定的摊位。

但是天有不测风云,在一次贩菜的路上,一辆的士将两人的三轮车撞到了路边水沟里,肇事司机扬长而去。阿耀断了一条腿,黄美华也断了一根肋骨,为了省钱,黄美华咬牙坚持着没去住院,只给丈夫办理了住院手续。三个月后,阿耀终于能下床走路了,可祸不单行,在身体复查时又被查出患了"丙肝"。

从出院那时起,阿耀就变得"破罐子破摔"起来。他以"丙肝"需要休息为由,将照料摊位的任务完全交给了妻子,而自己却游手好闲。为了打发空闲的大段时间,他开始参与赌博,越玩越大,越赌越输,输光了就回家向黄美华伸手要钱。黄美华记得医生嘱咐过,这类病人一定要保持心情欢畅,否则会加重病情,所以每次丈夫张口,她都尽量满足他的要求,她没想到,这让阿耀越来越肆无忌惮了。

阿耀整天过着吃、睡、赌"三点一线"的生活,无所事事,游手好闲,而黄美华除了经营摊位之外,还要照顾两个未成年的孩子,往往是深更半夜才忙活完。她累得倒头就睡,天不亮又得爬起来,所以,无法满足和顾及阿耀的生理需求,为了这事,阿耀开始对黄美华嘟嘟哝哝,后来渐渐对她拳脚相加,甚至强暴自己的妻子。过了一段时间,他又嫌妻子"像一根木头",缺少风情,没有性趣,竟然偷偷找起了"情人"。

阿耀的"情人"叫张丽,是他和黄美华的老乡,自己一个人开了家小卖店,因为经常去他们的摊位买菜，就熟识了。可能自己也觉得这样的事情理不直气不壮，阿耀先是对妻子谎称去医院治病，出了家门拐个弯后才躲躲闪闪地去张丽那里。偷了几次"腥"之后，他就变得明目张胆了起来，甚至在黄美华去了摊位后，公然将张丽带回自己家里翻云覆雨。当然，黄美华辛辛苦苦赚来的钱，也大部分流入了张丽的腰包。

邻居看不过眼，偷偷地告诉了黄美华。别的事情黄美华可以顺从丈夫的意志，可对于这种事情，她做不到视而不见。没想到当她质问丈夫时，阿耀却一把将她推倒在地，拿了 2000 元钱就出门了。黄美华打听到他带着张丽租住了一间楼房，她的心里像打翻了五味瓶，发誓不让丈夫再进这个家门，但没过几天，家里没有男人又让她觉得心里发慌，想打电话求丈夫回来，阿耀的手机却停了。

阿耀这一走，就是一个多月，直到那 2000 元钱花光了，他才灰溜溜地回家。黄美华涕泪交加地劝导丈夫跟张丽断了来往，灰头土脸的阿耀似乎也良心发现，承诺跟黄美华好好过日子。

好景不长，仅仅安分守己了两个月，阿耀又将家里的存折抢出来，在青岛开了一张台，坐庄赌六合彩，还包养了一个"小姐"。他打电话告诉妻子，等自己赚来了钱就双倍还她。黄美华没有别的办法，只能默默地等待，等回来的，却是再次一文不名的丈夫。

回家后阿耀还是理直气壮地伸手要钱，黄美华不给他就动手，经常将她打得遍体鳞伤。黄美华觉得这种生活再也无法继续了，她要跟阿耀离婚，阿耀却张口就要 5 万元的"离婚费"，黄美华东挪西借凑够了 5 万元，两人终于回老家解除了痛苦的婚姻。

两人总算可以说拜拜了，但是事情并没有那么简单，阿耀还是经常打电话跟黄美华要钱，就像个无赖……

点评：

或许，从一开始，黄美华不那样"宠"着"顺"着丈夫，阿耀还不至于这样堕落；或许，当发现丈夫"不务正业"的苗头时，黄美华采取果断措施，他们的家庭还会出现转机；也或许，黄美华不秉承"嫁鸡随鸡"的传统观念，这段悲剧的婚姻，就不会发生……

　　但是现实生活中没有或许也没有彩排,我们能做的,只有从黄美华的身上汲取令人深思的教训。

10. 不做"贪内助"

2008 年 9 月底，温州市委常委、鹿城区区委书记杨湘洪，带领温州市鹿城区考察团远赴欧洲考察，签证到期后，考察团成员如期回国，杨湘洪却不知去向。作为"温州高官出国考察不归事件"的男主角，杨湘洪举国皆知，身败名裂，为人唾弃，而在他贪腐的背后，妻子游捷着实"劳苦功高"。

鹿城人都知道，杨湘洪虽然身居高位，却是一个怕老婆的人。出生于 1954 年的杨湘洪是一步步从基层干上来的，用了 20 多年的时间才熬到温州市委组织部副部长的位置。2004 年，整整 50 岁的杨湘洪终于有机会可以提升了。当时他有两个选择，一是到西部经济落后的城市去当常委、宣传部长，另一个是到鹿城区当区委书记。按照他的个人意愿，他想去当宣传部长，他认为只要能进入常委，仕途上说不定还能有所发展，但经济上肯定要受损失。而游捷却坚决不同意，她教训丈夫，说你都活了半辈子了，还穷得叮当响，再有几年就退休了，手中没有权力，想挣点养老钱都难！听我的，去鹿城区，市里马上就要对这里进行旧城改造，几百户人家要拆迁，成千上万亩土地要拍卖。在这里当书记，一个人说了算，肥得流油的差使，别人抢都抢不到手，你怎么还不要呢！

杨湘洪与游捷结婚近 30 年，家中大事小事他都听妻子的，亲戚朋友都叫妻子"小诸葛"。这次，在自己的仕途上，他又一次顺从了妻子，到鹿城区走马上任，当上了区委书记。三年之后，荣升为温州市委常委。政治地位得到提升，他的权力更大了。夫荣妻贵，游捷也从家事上的"小诸葛"变成了鹿城区甚至温州市小有名气的"女诸葛"，原因是她在旧城改造和开发的过程中，给丈夫出了好多主意，主持组建了温州市旧城改建指挥部开发处，而她自己则当上了处长。

游捷是一个控制欲极强的女人。她用感情控制住杨湘洪手中的权力，并用权力捞取不义的财富。为了确保丈夫的权力安全和家庭长久利益，游捷从不让丈夫直接收钱收物,她自己也很少在办公室里接受礼金,多数情况下她都是让对方把钱打到指定的银行卡上,而这些银行卡并不是她本人的,而是她的几个铁姐妹的。其中一个姐妹陈素英,是一名房地产开发商,她替游捷收受资金近两千万元。

杨湘洪出国考察不归后,浙江省和温州市两级纪委和检察院成立了专案组,对他的人脉关系与个人经济展开了严密的调查和监控,他的妻子游捷更成为了重点控制对象。当专案组向游捷询问杨湘洪的去向时,游捷不但不提供任何信息,反而向专案组发难:"杨湘洪是为了工作出去的,到期没有回来,我正想向你们要人呢!"

专案组扩大了调查范围,直到发现了陈素英这条线索。原来,自从杨湘洪不归事件曝光,游捷一直在想方设法向海外转移钱财,但都不是自己出面,而是通过陈素英。专案组马上控制了这位"铁闺蜜"。当游捷加快转移财产的步伐,并亲自出马时,专案组早已通过银监会布置好了拘捕计划,就等着她落网了!望着锁住自己双腕的手铐,游捷这才交代了自己是如何利用丈夫的权利捞取钱财,并说出了丈夫出逃国外也是自己的计谋。她本来计划着让丈夫先离开,自己则暂时留守国内转移财产,事成之后再以出国探亲的名义去与丈夫团圆,但她没有料到,自己的签证手续却被禁止了。游捷并不知道,限制她出国的禁令,正是丈夫在赴欧洲前以鹿城区委书记的名义对公安局发出的。

原来,杨湘洪一直生活在压抑中,组织部的工作要求他处处必须谨小慎微,回到家里,他又要面对一个强悍的妻子,而妻子的非法敛财更像是在他身旁安置了无数的地雷,让他的神经时刻处于紧绷的状态。时间长了,他甚至患上了抑郁症。他曾提出过离婚,但面对满腹心机的妻子,他力不从心。他想继续在仕途上发展,可妻子牢笼般的掌控不允许他这么做。去欧洲考察,在妻子看来是夫妻俩共赴天堂的好机会,但在他看来,却是一个摆脱妻子的好时机。当游捷遭到逮捕,从办案人员口中得知这个内情后,她气急攻心、破口大骂,而这时,丈夫已经在欧洲消失半年了。

游捷自以为巧于算计,但她机关算尽,到头来却是作茧自缚,换来了一副手铐和一间囚室,最终成为了世人的笑柄、国家的罪人。

点评：

近年来，随着一件件贪腐事件被查处，人们发现，不少贪官的背后，往往都"活跃"着"贪内助"的身影，或者说，贪官的腐败往往与"贪内助"推波助澜有关。某些妻子受"夫荣妻贵"、"有权不用，过期作废"等观念影响，心存侥幸，抑制不住对金钱的欲望和依赖，大肆敛财，放弃原则。一些所谓的"官太太"，在丈夫面临人生重大考验的时候，不是正面提醒和规劝，而是贪图钱财，大吹枕边之风，使得丈夫在腐化堕落的道路上渐行渐远，当受到党纪国法的严肃处理时，才发觉她们的贪婪让整个家庭遭受了巨大的创伤，甚至毁掉了自己和丈夫的人生。

更深一步讲，"贪内助"不单单存在于官场中，在企业的领导层里也比比皆是。

究竟是做"贤内助"还是"贪内助"，是每位"领导夫人"需要面临的重大人生课题，也是"领导夫人"人生中的关键抉择。选择正确的方向，既是对自己负责，更是对家庭负责，当慎之又慎。

婚姻保鲜红绿灯（妻子篇）

五、子女教育
及其他

卢梭有过一句名言:"人生当中最危险的一段时间是从出生到 12 岁。在这段时间中还不采取摧毁种种错误和恶习的手段的话,它们就会发芽滋长,及至以后采取手段去改的时候,它们已经是扎下了深根,以致永远也把它们拔不掉了。"母亲是孩子的第一任老师,在给予孩子自由成长的空间的同时,当妈妈的还应慎之又慎,时刻注意为孩子的人生导航。

1. 不可强逼孩子 "成材"

电影院里,宽大的屏幕上,各色远古时代的动物们上演着一场保卫自己家园的故事,精彩纷呈的情节和美轮美奂的画面,让孩子们不时地雀跃欢呼。借着不断变幻的光线,褚波侧头看着熟睡中的儿子,不禁满面忧思,堂堂七尺男儿,竟不自觉地流下泪来,泪光中,过去十一年的点点滴滴又浮上了脑海。

褚波是一所中学的语文老师,妻子许筱丽则在一家科研机构做高级工程师,两人都算是出人头地,社会地位比较高。正因为这个,他们的儿子智勇出生后,许筱丽就一门心思地想把儿子培养成 "天才"、"全才",憋着一股劲儿让儿子 "青出于蓝而胜于蓝"。

怀着这一 "理想",智勇半岁时,许筱丽就开始训练他的握持能力,1岁半时,她用各种方式训练儿子的观察能力和反应能力,而到了3岁时,智勇识字的数量和算术水平,已经快赶上小学一年级的普通学生了。平时,许筱丽也极重视儿子的饮食营养,儿子每天早餐的鸡蛋、牛奶从未间断过,甚至为了儿子的饮食,她都忽略掉丈夫的三餐,害得褚波经常饿着肚子讲课。

在她的精心哺育下,小智勇长得既聪明又健康,尤其是智力明显比同龄孩子超前。5岁半时,智勇便进入小学一年级,成绩总是以双百名列全班第一,这让许筱丽异常骄傲,褚波也为自己儿子的聪明伶俐而感到欣慰。

自进了小学开始,望子成龙的许筱丽就送他到县文化馆的书法、口琴培训班学习。到了二年级,智勇要参加的培训班就增加到了三个。就这样,短短五年,他先后参加过书法、绘画、舞蹈、小提琴、钢琴、写作、英语、奥林匹克数学等培训班达32个之多!

学校要开八九门课程,再加上每晚两到三个培训班,此外还有一大堆作业,智勇每天忙得连喘口气的时间都没有。早晨6点,天还没亮,许筱丽就像报时的公鸡一样,不差一分地准时把儿子从床上拉起来。然后,可怜的小智勇就开始了他一天的"流水账":洗漱时听英语播音,上厕所背英语单词,上学路上还是在妈妈的监督下背英语单词。上午漫长的四节课,好不容易到中午了,吃完饭也不能午休,上午布置的作业必须趁中午完成,作业刚刚写得差不多,下午的三节课开始了。好不容易挨到放学的铃声敲响,同学们像在笼子里关了一天的鸟一样,欢叫着冲出校外。可是等待智勇的,却是校门口拎着饭盒的许筱丽,母子二人必须在公交车上吃完晚饭,然后开始晚上三个辅导班的听课,等回到家,已经是晚上十点多了,但还是不能睡,在学校里老师布置的、三个培训班老师布置的作业像山一样压在了那具小小的身躯上。

有时作业才写了几行,他就趴在课本上睡着了,睡得很香很沉,流出来的口水都湿了课本。许筱丽发现后,立刻上前揪耳朵捏鼻子把他弄醒。等做完所有作业,已是深夜零点左右。精疲力竭的智勇闭着眼睛喝下妈妈冲的营养麦片就直奔床铺,倒头就睡着了。许筱丽这才开始打扫"战场",收拾纸笔课本,给孩子脱衣服洗脚抹脸……

五年多来,几乎每一天,褚智勇过的都是这种激烈紧张的战斗生活!

每当褚波看到妻子这么逼孩子"成才",心里总会生出对儿子的同情,他试着跟许筱丽沟通,没想到妻子却理直气壮地说,这是为孩子的以后着想,不让他插手过问。

有一次儿子过生日,褚波问他想要什么礼物,褚智勇毫不犹豫地说:"我最想要的是,能一连睡几天几夜也没人管我!睡得够够的,足足的!"说着,一脸的向往。褚波听了,神情也不禁恻然,刚要安慰一下儿子,旁边的许筱丽却接过话头:"睡什么觉,连这点儿苦都吃不了,以后怎么干大事!"妻子"教育"孩子,褚波也不好说什么,但是心里却酸酸的不是滋味。

功夫不负有心人。在许筱丽的努力督促下,智勇的成绩名列前茅,绘画和英语也是全校第一,其他学科基础也很扎实。当有人称褚智勇为"天才少年"时,褚波夫妇的脸就笑成了一朵花。但褚波脸上的笑容,明显比妻子的苦涩得多。智勇整天学习、上辅导班,变得跟"小老头"似的,又加上本来就上学早,所以受到了同学小朋友的排斥,几乎没有玩伴。为此,褚波特意带他找小朋友们玩儿,别人都在做游戏,他却默默地坐在一边嘟哝着英语单词……

无奈之下,褚波又带着智勇去看时下热映的《冰河世纪》,没想到却出现了开头的一幕。电影散场,他轻轻喊醒儿子,要带他去吃肯德基,儿子忧心忡忡地问道:"不回家背单词,妈妈会不会生气?""不管她! 爸爸陪你玩!"说这句话的同时,褚波心里做了一个决定:请个长假,自己陪着儿子,出去大玩特玩一个月……

点评:

童年,应该是充满欢声笑语、无忧无虑、本真自然的,在孩子的成长过程中,父母的教育当然必不可少,至于他最终是"成龙"还是"成虫",则不是刻意求之的事情,"可怜天下父母心",可是父母们,什么时候也"可怜"一下孩子心呢? 褚智勇的悲剧告诉我们,千万不要再对孩子搞"拔苗助长"和"车轮战术"了!

2. "孝道教育"莫偏心

电视里,正播放着一则关于"洗脚"的公益广告:劳累了一天的妈妈晚上给一位年迈的老太太端来了一盆热水洗脚,这一切又被她自己的孩子看到了,于是也端来一盆热水给她洗脚……当画面定格在老太太慈祥、欣慰的笑容的那一刻,年仅5岁的小鑫鑫手指着电视,用稚嫩的声音喊道:"姥姥姥姥,这是姥姥!"

坐在旁边的蒋雨霖开心地笑了,而丈夫钟凯则放下报纸,皱着眉头长长地叹了一口气,这都是妻子"教育"的结果。

第一次看到这则广告,钟凯就被它所包含的爱心教育震撼了,随即开导玩得正欢的儿子鑫鑫:"你看,这就像妈妈给奶奶洗脚,你也得给妈妈洗脚啊。"没想到这话被妻子蒋雨霖听到,她马上反驳说:"凭什么是我给你妈洗脚? 鑫鑫,这是妈妈给姥姥洗脚。"钟凯突然意识到自己的教育方式可能不好,随即改口道:"奶奶和姥姥都是一样嘛,都得孝顺。""你妈你孝顺,跟我有什么关系?"蒋雨霖又顶了一句,然后转头继续教育儿子要爱姥姥爱妈妈,没用几天,小鑫鑫一见到这则广告就大喊姥姥,完全忘记了奶奶的存在。

对这些,钟凯似乎显得有些无奈。妻子生在城市长在城市,而他则是完完全全的"农村娃",从谈恋爱时开始,他见到岳母的次数就远远多于见母亲的次数。用蒋雨霖的话说,她是"很孝顺"的孩子,所以直到结婚后,她就一直特别害怕自己的母亲受冷落,时不时要回家住几天。钟凯也觉得跟岳母住在同一座城市,多回家照顾照顾老人也理所应当,但是妻子对婆婆的态度却让他大失所望。一说要回老家,她就嘟着脸,磨磨蹭蹭地不愿回,即使回去了也没有好脸色,住一晚就吵着要走。钟凯在心里安慰自己,婆媳关系一直是家庭婚姻中的难题,反正母亲和妻子也不长时间在一起生活,不会闹什么大矛盾,况且以后肯定会有机会慢慢改善。

但是这种情况非但没有改变,反而在儿子出生后变得越来越糟糕。从蒋雨霖怀孕期间,她就将自己的母亲"搬"来照顾她,坐月子时,婆婆想来看看孙子,"伺候月子",蒋雨霖坚决反对,说她只吃得惯母亲做的饭菜,还怕婆婆不卫生。

"从来都说孩子跟奶奶亲,我就不信拧不过这个理儿来!"蒋雨霖信心十足地说。为了"拧"这个"理儿",她无所不用其极。孩子一岁多的时候开始学说话,她除了整天教儿子喊"爸爸妈妈",最多的就是喊"姥姥"。

每逢周末,她就拉着丈夫,一家三口回娘家,也有时候硬让母亲在家住一两周,跟儿子"亲密接触",甚至每当买回零食、玩具之类,她都让母亲放到鑫鑫的手里。她的这番"努力",终于取得了"可喜的成果",一提起姥姥,儿子的眼睛就开始四处搜寻姥姥的身影,而让他喊"奶奶",小家伙却一脸茫然不知所措。为此事,钟凯没少跟妻子交流沟通,但蒋雨霖是油盐不进,认准了要让"姥姥比奶奶亲"的理念深入儿子的骨髓。

钟凯母亲的生日是农历十一月底,过生日前一个月,他就开始跟妻子商量,孩子快六岁了,还没见过奶奶几次面,母亲生日的时候一家三口都回去,也好让老人见见孙子,可蒋雨霖却嫌老家没暖气没空调,会让儿子感冒。钟凯反复商量恳求,她又说生日跟春节隔着不远了,延迟到春节的时候回,省去了多跑一趟的麻烦。无奈,生日那天,钟凯形单影只地踏上了回家的列车,面对老母亲关心的询问,他也只好编一个理由,说儿子正好要打疫苗,回不来。

春节转眼即到,就在钟凯忙活着购买回家的年货的时候,蒋雨霖却突然变卦,要留在家里陪自己的母亲。这让钟凯大动肝火,两人狠狠地吵了一架,好在岳母比较开明,硬逼着蒋雨霖回了丈夫的老家。

一千个不愿意,一万个受委屈,蒋雨霖拉着脸皱着眉,好歹在大年三十那一天回老家了。刚见面,钟凯母亲伸手想抱抱只见了一两面的小孙子,蒋雨霖却一侧身躲开了婆婆的手:"洗手了吗?孩子现在抵抗力弱,可不能随便沾染不干净的东西!"见母亲讪讪地有些下不来台,钟凯赶忙上前打圆场,蒋雨霖还想嘟哝什么,被丈夫狠狠地瞪了一眼,才勉强憋住了没说。

吃完年夜饭,一家人围坐在热乎乎的炕上看着春节晚会。俗话说"隔辈亲隔辈亲",钟凯母亲总是记挂着这个胖嘟嘟的大孙子,无奈儿媳不让碰,她就从衣橱里拿出一个红包,递到鑫鑫面前:"来,好孙子,喊声奶奶,奶奶给你压岁钱。"没想到蒋雨霖一把揽过儿子:"姥姥给的压岁钱更多。"钟凯母亲僵住了,而钟凯则彻底爆发了:"明天,你就回家陪你妈去吧,我跟儿子陪我妈。""凭什么!这也是我儿子,要走,我带儿子一起走!"蒋雨霖喊道。而此时,不懂事的小鑫鑫也一个劲儿地喊着要找姥姥。钟凯无力地摇摇头,轻轻扶着还在抹眼泪的母亲,走向了另一个房间……

点评:

蒋雨霖终于"胜利"了,她成功地"拧"过了那个"理儿",让"姥姥"变得比"奶奶"还亲,她得到了心理上的满足,可是却失去了丈夫的情感、失去了家庭应有的温馨、祥和,更重要的,她还可能失去了一个有博爱心、性格健全的好儿子。

父母,是孩子的"第一任老师",所以在教育子女时应切记,别偏心,莫歪嘴,教给孩子一个"爱心",而非狭隘的"爱谁的心",否则,苦果会在前方不远处等着你。

3. 孩子、丈夫不能 "一头热"

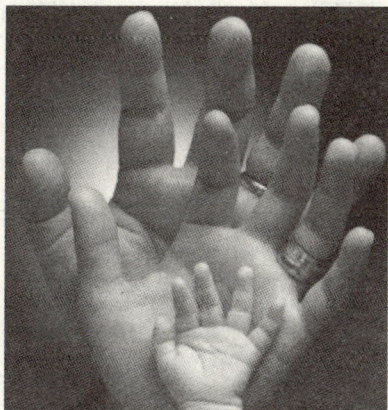

　　作为一个妻子,面对丈夫和孩子,一定要找准位置,当好角色,万万不可 "一头热"。

　　李强,是一位手艺高、信誉好的汽车修理工,在厂子里一直担当骨干。由于他技术好,客户的车坏了都爱找他维修,李强也是随叫随到,热情服务。但他没白没黑地忙工作,照顾家庭的精力也就少了。幸好,妻子孙小丫做保险业务,不用坐班,在家里算是半个 "全职太太"。在他们结婚的第三年,女儿妞妞出生了,小家伙一到这个世界,就成了家庭的中心轴,她的哭声笑声咿呀声,时时牵挂着孙小丫的心。初为人母的小丫将女儿视为心肝宝贝,把自己的精力一股脑地投向了孩子,似乎忘记了老公的存在。

　　女儿三个月的时候,老公李强出差归来,傍晚进了家门,看到家里七零八落,一片狼藉。尿片、纸屑满地,奶粉、杯子满桌,衣物、玩具满床,饥肠辘辘的李强看到她们母女正在甜睡,独自跑到厨房去寻找食物,呈现在眼前的却是横七竖八的碗筷，渍痕斑斑的瓢盆，再揭开锅盖，里头空空如也。李强眉头大皱。

孙小丫听到厨房里的动静，揉着惺忪的睡眼，走过来问老公："没吃饭啊？"

李强没好气地告诉她，自己刚下车，没吃晚饭。小丫毫不愧疚地对丈夫说："家里没有可吃的了，你到外边小摊上将就将就吧。"

没办法，李强只好上了地摊。凡事就怕有了开头，自此，李强下了班，经常要往地摊上跑，因为妻子小丫吃甜点，孩子吃奶，没有他的饭。吃了几个月的地摊，李强实在靠不住了，就对妻子说："老婆，我这一天到晚地忙，顾不上家，你在家里主内，空闲多，咱就开火做饭吧，我这胃病实在享受不了小摊上的待遇。"

"你是在责怪我吗？我为孩子付出了多少你知道吗？"自从有了孩子，小丫的脾气跟着见长，动辄摆出居高自傲的神态和得理不饶人的架势。

李强走过来揽住小丫变得愈发肥硕的腰肢，说："好啦，老婆大人，就算我没说，咱外甥打灯笼 —— 照旧。"

自从生了孩子，小丫就不让李强靠身，理由是天天照料孩子，没心思想那些事儿。正当盛年的李强没了性爱，怎么忍受得了呢？这天晚上，他下班回家，看到小丫侧躺在床上，露出一对丰满的乳房在给孩子哺乳。他心花怒放地靠了过去，乞求道："老婆，咱们多久没那个了，你可别让我当禁欲的和尚啊！"说着，李强再次靠前，去抚弄妻子。小丫却一把推开老公的手，把脸扭向一边，丈夫又想往她身上靠，冷不防让她一脚蹬到了地下。他压抑的怒火猛地喷射了出来："你，你怎么这样！我们是夫妻，就应当有男欢女爱。"

小丫却横眉竖眼地答道："我没情绪。天天照料孩子，谁还想那些事！"

李强激愤地看着小丫，说道："人家夫妻也有孩子，哪有像你这样，既不做饭，又不过夫妻生活的？"

小丫答道："既然人家好，你就去找人家吧。"

李强带着一肚子气走出了家门。饥肠辘辘的他又来到了附近一个涮串小摊上，点了几个涮串，可还没吃，就感觉一阵反胃。是啊，自从孩子出生，自己在家里吃过几顿安生饭？小丫倒是有办法，除了甜点，还经常怀抱着女儿去隔壁的丈母娘家吃饭，可是自己呢？自己总不能天天去丈母娘家蹭饭吃吧。

越想李强越感到凄凉，他失落地离开了那个令他作呕反胃的涮串摊位，在一条冰冷的马路上漫无目的地走着。这当儿,一个端庄大方的女性挡住了他的去路,他抬头一看,是自己的一个老客户。他知道,这个女客户丈夫因车祸去世几年了,对自己的手艺和人品一直抱有好感,也了解自己的一些家庭情况,于是,两个人就聊了起来。越聊,两个人越热乎,逐渐,两个人的心连在了一起 …… 不久,李强递交了离婚协议 ……

点评:

母爱是伟大的、神圣的、无私的,但是,作为一个妻子,当有了孩子之后,既要当好母亲,还要当好妻子,切不可顾此失彼。生活中总有一些女性,生儿育女之后,对丈夫不冷不热、不咸不淡,尤其在夫妻生活上,冷漠、僵持、缺乏激情,这样,往往影响夫妻感情,将自己的丈夫推进别的女人怀抱,现实中的教训不胜枚举。

4. 惯子如杀子

尹雪萍是个性格强势的女人，她的第一段婚姻失败时，与前夫签了协议，孩子愿意跟谁抚养权就归谁。她认为，孩子离不开母亲是天性，可是，她失算了，当女儿面对询问时，她毫不犹豫地选择了跟随父亲。伤心之余，尹雪萍反思自己，认识到平时自己太过严厉，"吓坏"了孩子，才导致了她与自己的疏远。因此，当她在第二段婚姻里决定再生一个孩子时，便下定决心，一定要全心全意宠爱孩子。

那时，尹雪萍已经 37 岁，也算是个高龄产妇了，十月怀胎，她的身体受尽苦楚，但当她看到新生儿子胖乎乎的小脸时，觉得这一切都是值得的。

这个重组的家庭比较复杂，她的第二任丈夫李阳也是再婚，并带着一个女儿李默。没有血缘关系，李默对这位强势的继母始终保留着距离，与她并不亲近。有了儿子后，尹雪萍将全部的精力都放在了照顾幼子上。

随着时间的推移，儿子李钧渐渐长大了。尹雪萍对他有求必应，他需要的一切，她都给他最好的。集万千宠爱于一身，李钧小小年纪，人前人后都是一派"小少爷"的作风。

在尹雪萍眼里，儿子聪明伶俐，教他什么事，他一学就会。就算他性格顽劣，一向把别人的话都当耳旁风，尹雪萍也不允许别人对他有半句"微词"。李钧两三岁时，就养成了"凡事看心情"的习惯，比如说母亲给他喂饭，他正玩着不想吃，小手一挥，就将饭碗打碎在地，而尹雪萍每次都会慈祥地笑笑，任由他"胡作非为"。有段时间，李钧学会了摔东西，他摇摇晃晃地搬起他力所能及范围内的一切玩具、家具、装饰品，将其一一摔碎在地，尹雪萍不但不批评，反而还很骄傲地夸他"有力气"。

随着年龄的增长，李钧的性格越来越有"特色"。六岁时，他就学会了上网，他虽不会打字，但各种小游戏他都玩得颇为熟练，遇到一些需要两个人一起玩的游戏,他就缠着大人们帮他。这个时候,尹雪萍和丈夫都四十多岁了,学不来这种新鲜事物,尹雪萍"赶自己上架",陪着儿子闯关,可由于她反应慢,总是先行"死掉"。每当这个时候,儿子就气得摔键盘,甚至对她"拳脚相加",而尹雪萍却不怒反笑,低声下气地跟儿子道歉。夫妻俩不会玩游戏,但李默是熟悉电脑的,于是尹雪萍就让她陪儿子玩。对于这个小弟弟,李默也比较疼爱,但她看不惯李钧"唯我独尊"的性格,更看不惯继母"偏心"的作风,况且,她正在读高中,课程很繁忙,一放学,那一摞摞的作业就够她头大了,哪还有心情陪李钧玩游戏? 只是,她虽不在乎继母的强势,也不怕她冷着脸发脾气,可看着弟弟幼小的脸庞和期待的表情,她又狠不下心置他于不顾。

小游戏对于李钧来说,是趣味无穷的,但对于李默来说,再枯燥不过了,她动辄坐在电脑前和弟弟一玩就是两三个小时,其间弟弟还不允许她休息,就连她去个厕所,弟弟都在外面不断地敲门催促。每次游戏过后,她的头都昏昏沉沉的,根本无法再集中注意力写作业。但继母却对这一现象视而不见,她将一门心思放到儿子身上,儿子离开电脑前,她就关怀地凑上去问他累不累、饿不饿,对李默却不管不顾。

这一切,都逃不过李阳的眼睛,对他来说,手心手背都是肉,他疼爱儿子,也心疼女儿。他屡次旁敲侧击,或直言不讳地与妻子沟通,让她多多体谅、关怀李默,妻子却仍我行我素。

又过了一年,李默考上大学去了外地,她这一走,李钧失去了玩伴。由于他难以相处的性格,小朋友们都不爱和他在一起,被孤立的他只好在家里"耍威风"。尹雪萍发动人际关系,走后门让李钧进了重点小学,可是很快,他就成了老师眼里的"问题学生",夫妻俩也成了学校的常客,动辄接到老师的通知,让他们到学校"交流"。一年级还没毕业,李钧连换了三个班级,最后,校长对他夫妇说,他实在管不了李钧了,并建议他们给李钧换一所学校。

李钧的"恶行"并不仅仅限于学校和家里。由于没有玩伴,他总爱跟在父母身边,就算父母与同事吃饭,他也必须随行,如果他的要求得不到满足,便会上演一场"大闹天宫"。在酒席上,他总是瞅准一切机会捣乱。拿筷子戳别人的脸、将餐巾纸撕碎了撒到别人头上,甚至往别人的酒杯里倒菜汤,他样样都干得来,并且

hunyinbaoxianhonglüdeng（qizipian）

对此得意洋洋。他这样的行为，别说与他毫不相干的外人了，就连亲生父亲李阳也怒火攻心，可每当他要教训一下儿子，尹雪萍总是把儿子揽到身后，不顾一切地为儿子"护驾"。

就这样过了几年，李钧终于辗转读到了初中，当然，这期间他的父亲母亲送的礼不计其数，因为没有一所学校愿意收留他。夫妻俩盼望着李钧能随着年龄的增长懂事一些，可还没等他俩喘一口气，李钧竟又闯下了"弥天大祸"。谁都没想到，13岁的李钧早已开始浏览黄色网站，他竟然酝酿了一个罪恶的计划，企图对同班的一个女生不轨！他将女生关在三楼的教室里对她上下乱摸，女生情急之下从窗口跳了出去，摔断了一条腿。夫妻俩得知此事之后，惊怒交加，他们互相搀扶着走进女生的病房，跪在她的家人面前乞求宽恕，但对方不依不饶，将李钧告上了法庭。李钧还未成年，不能对他动用刑事法律，但他被关进了少管所。直到此时，尹雪萍才意识到了自己的错误，但她受到的惩罚远远不止于此。丈夫李阳早已受够了她的教育方式，向她提出了离婚，并要求儿子由他来抚养。他知道，再这样下去，妻子非毁掉儿子的一生不可……

点评：

母爱是无私、伟大的，但是，溺爱不是一种爱。孩子刚出生时就如一张白纸，而母亲则是孩子的第一任"绘画师"，母亲在这张白纸上临摹的画面，就是孩子性情的根基。深爱孩子，在给他们提供必要、充足、自由的成长条件的同时，还要对他的不良习惯及时加以管教与更正，而不是一味地对其宠溺。有句老话说，惯子等于杀子，希望母亲们能引以为戒，不要让毫无理智的溺爱毁了孩子的一生，也毁了自己的家庭。

5.起名也要"礼让三先"

当今社会,有一个问题越来越凸显了出来:"80后"们已经步入了结婚的年龄,而多数"80后"都是独生子女,他们的下一辈出生后,围绕着起名往往会发生一些纠结。这是一个时新的社会问题。

慕容嫣红,一看这个名字就是少数民族的复姓,人数极少。五年前跟丈夫曹洪超谈恋爱时,慕容嫣红就谈到了关于孩子的姓名问题,她主张生了孩子以后,跟随母姓。曹洪超对妻子的这个愿望未置可否,因为还没结婚,这个问题也就被搁置了起来。

谈了一年多的恋爱,两人结婚了,曹洪超是个模范丈夫,慕容嫣红也是个优秀的妻子,夫妻很恩爱地度过了4年的婚姻生活,两人都到了而立之年,于是想要个孩子。

刚怀孕的时候,慕容嫣红就兴致勃勃地取了好多个名字跟丈夫商量,所有的名字,都被冠之以"慕容"的姓氏。每当看到这些名字,曹洪超都是面有难色,当妻子追问时,他也只是支支吾吾地用各种理由推搪着。

怀胎十月,他们的儿子终于在医院里出生了,曹洪超的母亲也赶了过来帮忙照料,但无论慕容嫣红怎么催,曹洪超就是不跟母亲说孩子姓氏的事儿,当母亲问到孩子叫什么时,曹洪超就用"还没取好"来推诿。

慕容嫣红见到丈夫的态度,也明白了他的想法,但是让孩子随自己姓的想法异常强烈,于是就趁着出院回家的空儿,自己去派出所给孩子上了一个户口:慕容俊驰。

得知这件事后,曹洪超虽然心里一万个不愿意,跟妻子大吵了一架后,也无可奈何地接受了,但是对父母家人,还是极力掩饰着,只说名字是俊驰。

纸里终究包不住火，孩子随母姓慕容，还是被曹洪超的家人知道了。孩子百日的那天，夫妻双方的亲朋好友都聚到了一起，家宴在祥和喜悦的气氛中进行着。

席间，曹洪超的父母一提到孩子就开口闭口地说"我们曹家的俊驰怎样怎样"，这让慕容嫣红心里很不舒服。当曹洪超母亲无意间说，慕容嫣红的普通话不太标准，别让孩子也学会了时，当着自己亲友的面，慕容嫣红觉得很下不来台，就开始针锋相对地还击，"战火"逐步升级，最后，慕容嫣红忽然口不择言地说道："不管怎么样，孩子是姓慕容，也不算是你曹家的孩子！"

公公婆婆愣住了，他们随即质问曹洪超，曹洪超只好以沉默承认了这个即成事实。围绕着这个问题，两家人又开始了唇枪舌战，最终不欢而散。

家人都走了以后，慕容嫣红和曹洪超之间的"战争"依然在继续，曹洪超说父母好不容易把自己拉扯大，坚决不同意伤害两位老人的心，要把名字改过来；而慕容嫣红非要"争这一口气"，她明确表态，宁可起诉离婚，也要争得孩子的抚养权。她甚至让曹洪超再跟别的女人生一个孩子来跟他姓……原本恩爱非常的一对夫妻，仅仅因为孩子的姓氏，最后竟然闹到了法庭。

点评：

孩子跟谁姓真的那么重要吗？只要他健康快乐，茁壮成长，大了以后孝敬，跟谁姓还不都是自己的孩子，不是两人爱情的结晶？孩子身上流着夫妻共同的血液，遗传着夫妻共同的DNA。无论跟了父母哪一方的姓，血缘没有变，感情也不会变。真要是为了一个姓，争个你死我活，伤了夫妻感情、亲戚感情，那就得不偿失了。

争赢了不过是赢了自己人，争不赢也不过是输给自己人，肉烂了还不是在锅里！想明白了，那还争个什么劲儿！

6. "穷亲戚"要善待

　　康东和妻子王爱拥有自己的企业,他们定居北京,住豪宅、坐名车,过着人人羡慕的富华生活。在外,康东事业有成、娇妻能干,似乎风光无限,但在家里,他却有点"怕老婆",因为王爱是地地道道的北京人,而他则是农村出来的"穷小子",身后还有一群指望着他"提携"的穷亲戚。

　　康东的老家位于一个偏远的山村,他的亲戚们虽然贫困,但是各个都心地淳朴,他能读上大学来到北京,亲戚们也出了不少力。现在,他"飞"得高了,总忘不了家乡的亲人,时不时地给他们一些帮助。这些,王爱虽然嘴上不说什么,但她的眼里总有一丝的不屑。结婚这么些年,康东只让父母来北京住过一次,不是他心里不想,而是妻子的态度让老人觉得不自在。康东知道,妻子能让父母住在家里已经是她能做到的"最高境界"了,若是别的亲戚来,她绝对会让他们去住宾馆。有时候,康东也会感到愤愤不平,为什么妻子对她的"阔亲戚"们就能那么善待,而对他的亲人却如此苛刻,甚至比不上她的普通同事、朋友?但,出于无法言说的自卑心里,他敢怒不敢言。

　　康东在老家有个堂弟叫康平,一天,他接到了康平的电话,对方吞吞吐吐地说,老婆刚给他生了个大胖儿子,他想让康东帮帮忙,给他在城里安排个工作,他要多挣钱,以后也供儿子读好书、上大学。这让康东想起了父母为了供他上学,到处借钱的情景,他没有多想,就答应了堂弟的请求。

　　回到家,康东跟妻子商量,并动之以情,晓之以理。妻子不耐烦地皱了皱眉头,说:"你说他会开车,那让他来给我当司机吧,我原来那个司机刚好要辞职。"司机是个不错的差使,康东当下表示赞同,接着,他又与妻子商量薪水问题,妻子本想打发给康平两千块钱,康东为难地说:"康平在老家干体力活,也能挣到这些钱,他既然大老远地来北京了,咱是不是应该多照顾照顾她?而且,你要是在当地雇司机，没有4000块钱也请不来啊！"王爱一听，鄙夷地说："你堂弟能跟专业司机比吗？3000块钱，爱干不干。"康东很无奈，不过他又想到，堂弟来了，可以通过别的方式接济他，所以，他也就不再与妻子争执了。

不出康平所料，妻子果然预先安排了宿舍给康平住。每天上班前，康平都要先坐公交车去康东所在的小区，下班送王爱回家后，他又要坐公交车回宿舍。周末与节假日，她要坐车去哪儿，都提前给康平打个电话，康平再坐公交赶过去为她效劳。康平刚来时，亲切地喊王爱"嫂子"，王爱一听这个称呼，当场就拉下了脸，她用教训的语气对他说："你是康东的弟弟，叫我嫂子没错，但现在咱们是工作关系，你以后都喊我'王总'吧。"看着堂弟朴实的脸上堆起了错愕，康东心里真不是个滋味。

康平虽然为人老实，但性格也算机灵，他看出了王爱对自己的态度，于是处处小心谨慎，尽量不让王爱找到自己的不是。两个月过去了，王爱见他还算"靠谱"，终于松了口，允许他把车开回自己宿舍，这样，再来回接送王爱，他就不用挤公交了。只是，她同时又严肃地告诫康平，说这辆车可贵着呢，值60多万，原来那个司机不小心让车蹭去了点漆，就赔了1万多！她还强调，是司机自己赔的，用他三个月的薪水。康平一听就发起了愁，把车停在自己宿舍前，谁能保证没个闪失？如果车丢了，搭上他的命他也赔不起。从那时起，康平仿佛患上了强迫症，他开着车跑在路上时，速度慢得不能再慢，晚上他也睡不着，总是几次三番地爬起来从窗户里望一眼车是不是还在。

另外，王爱对康平的态度总是冷冷的，要么不说话，要么一开口就教训他。在她眼里，康平就是个没素养的"乡巴佬儿"，她嫌他吃饭出声音，遇到与客户应酬时，她总是不让康平上席，叫他自己买个盒饭在车里对付肚子。

给嫂子当了一年司机，康平深切地体会到了在富人眼皮底下当一个穷人是多么地压抑。他在北京这一年，也算长了不少见识，他趁着回家与老婆一商量，决定辞去这份差使，自己在家乡开一个服装厂。康东知道堂弟的苦衷，他没有多说，只是塞给堂弟一万块钱帮他周转。王爱看到后，不屑地哼了一声，对康平说："我们对你已经够照顾了，你以为我和你哥哥当老板容易？你把这些钱打了水漂儿，可别又来麻烦我们。"

让王爱意外的是,康平的服装厂很快就上了道儿,生意越做越红火,年底,为了表示感谢,他还给王爱两口子寄来两件貂皮大衣。康东想,这下堂弟可为他老家的"穷亲戚们"扬眉吐气了,可是,王爱却仍然没有摘下她的有色眼镜,对衣服百般挑剔。在她心底,似乎认定了康平的服装厂总有一天会倒闭。

风云突变,康平的服装厂顺风顺水地发展,王爱与康东的企业却因投资失误而岌岌可危了。那段时间,面临纸片一样飞来的讨债单,夫妻俩焦头烂额。他们四处求助,但借来的钱却少得可怜,根本填不上巨大的亏损漏洞。夫妻俩万念俱灰,正当他们准备宣布破产时,康平出现了。他表示要倾力相助,王爱却说:"你那个服装厂才发展了多久,你能有多少存款?拿到我们这里来,根本不管用。"康平向来很怕这个嫂子,他挠挠头,支支吾吾地说:"王总,我听哥哥说了你们的情况,我把厂子卖了,另外,家乡现在正在规划,刚好占了家里的地,还给了不少钱呢,家里其他人也凑了些钱,虽然不多,我都带来了……"听到这里,夫妻俩都愣了,康东回过神来,斩钉截铁地说:"你的服装厂好不容易发展起来,正是挣钱的时候,怎么能说卖就卖?你现在马上带着钱回去,买回来!"康平却嘿嘿一笑,说:"没有你们,我也开不了这个厂,再说了,等你们的困难过去了,我以后还可以开嘛!"

听着兄弟俩的对话,王爱被深深地震撼了,她怎么也没有想到,面临危机的时候,救他们于水火之中的竟然偏偏是她最看不起的"穷亲戚",想想以前自己对他们所做的,她不仅惭愧难当,追悔莫及……

点评:

从人格上来说,人人生而平等,物质只能决定一个人的金钱地位,品质才能决定一个人的修养地位。如果像文中的王爱那样"嫌贫爱富",那么就算再有钱,在人品上,也只能算个"贫困者"。穷亲戚也有发达的机会,善待他们,拉他们一把,当有一天自己遇到困难了,他们也往往会投桃报李,给予无私的帮助。不要等到自己山穷水尽的那一天,才想起"血浓于水"。铭记一句话:行下"春风",才能望来"秋雨"。

7. 娘家人的"及时雨"

刘萍和胡鑫是同一个县城的,巧合的是,两人竟然都在同一家私营企业中上班。相同的工作环境,熟悉的童年经历和孤身在外漂泊的寂寞,让两人逐渐地相识相知,在经历了几个月的恋爱后,他们终于进入了谈婚论嫁阶段。

胡鑫是单亲家庭,还未成年母亲就去世了,父亲再婚后,他跟家里的关系就一直处在一种不冷不热的状态中,每年只是象征性地给家里一点钱,并没有过多的联系。

而刘萍的父母,都是退休的工人,家庭条件不是太好。刘萍是老大,还有一个弟弟一个妹妹正在上学,家里的一些开销,大部分要靠她不是太丰厚的工资支撑。所以当得知大女儿要结婚的消息,父母就打定了主意要"狠赚一把",张口就要八万元的彩礼。

胡鑫毕业才短短四年的时间,薪水和刘萍也差不多少,根本没有过多的存款,家里又不可能接济他多少,还要买房装修。在听到数额如此巨大的彩礼后,他就犯了难。

反复思考之后,他试探性地跟刘萍说明了情况,希望她回家跟父母商量一下。刘萍一听就撅起了嘴,说父母把自己养大不容易,要商量让胡鑫自己去商量,她难以启口。

无奈之下,胡鑫只好自己硬着头皮跟岳父母商量,商量的结果,彩礼定为了六万八千元,岳父母才勉强同意他们结婚。虽然婚后刘萍的父母又给了他们五万八千元,但是在刘萍的一再坚持下,两人的衣服家具之类都是胡鑫掏的腰包。

结婚后,刘萍对自己的父母更是关爱有加。她满怀感情地跟丈夫商量,自己的父母年老多病,还要供应两个孩子上学,她结婚,家里的经济就会面临着危机,所以她想让胡鑫每年给她家里一万元,算是帮自己尽一下孝道。

胡鑫觉得刘萍的父母也就是自己的父母,家庭条件也不是太好,也就痛快地答应了,而且在刘萍的弟弟妹妹分别考上研究生和大学后,胡鑫还主动拿出了1000元贺金。

这让刘萍感到胡鑫是一个好丈夫,但是与此同时,她也形成了一种习惯,无论何时何地,她想到的,首先是自己的父母。

结婚一年后,刘萍幸运地生了一对双胞胎女儿,由于刘萍没有经验,胡鑫也还要工作,只得把刘萍的父母接了过来帮忙照顾孩子。

父母来了之后,刘萍没和丈夫商量,当天就给了父亲900元,说是这个月的生活费,但是一些日常生活必需品,油米天然气水果和小孩吃的等等,依然是刘萍夫妇自己买,岳父母只是负责买菜。两人上班时间,中午很少在家吃,算下来每天也就10块钱的伙食费。这让胡鑫心里开始有了一些意见,但是当他委婉地提出来时,刘萍却左一套右一套的大道理,甚至还以眼泪做武器,说只是想对父母好一点,胡鑫见了她这副样子,也说不出什么。

但是矛盾终于爆发了。

一天,在饭桌上,刘萍忽然很随意地说道:"今天买大米的那100元钱,明天别忘了给我爸啊。"

胡鑫一怔,嘟哝了一句:"每个月900元的生活费,还不够买一袋大米的吗?"

刘萍一骨碌坐起来,张口就开始指责胡鑫对自己的父母不够好,说从这100元钱就可以看出来,他就是把自己的父母当成了佣人。

两人一吵架,孩子也开始放声大哭了起来,岳父母也在旁边吵着闹着要回老家,而刘萍也抱起孩子要一起走。胡鑫拦了几次没拦住,长期压抑的火突然爆发了出来,他掏出银行卡一下子摔到了桌子上,吼道:"你拿走吧,卡里就剩了几百块,还有欠银行的账4万多,你们都拿走吧!"

说完摔门而去,留下了目瞪口呆的刘萍和父母……

点评:

俗话说,可怜天下父母心,有时候,反之亦然,儿女们对父母也怀有一种难以割舍的亲情。但是这种亲情该如何表达,以及表达到什么程度,却是值得深究的一个问题。

　　刘萍对父母的担心和照顾，首先证明她是一个孝顺的女儿，但是不顾自己家庭的实际和丈夫的压力，一味过分地照顾父母，却是刘萍和胡鑫家庭裂痕出现的最根本原因。

　　而另一方面，胡鑫如果及时地、诚恳地跟妻子及岳父母"摊牌"，而非现在这样只为了讲面子或报答养育之恩，就没有底线地忍让，也是这次家庭事变的原因之一。

　　婚姻生活中，亲情，是不可避免的，但是如何切合实际地经营亲情，如何将亲情保持在和谐、美满、愉悦的状态，才是这个家庭维持完整、幸福的关键。

8. "郎才女貌" 非绝对

王娟跟男友哲伟相恋两年后,终于升起了婚礼的旌旗。在别人的眼里,他们的婚姻是"郎才女貌"的完美体现。王娟曾是大学里的校花,1.7 米的个头,身材魔鬼,面目清纯,哲伟虽然其貌不扬,个子较矮,但谈吐不俗,又是外企的管理人员。

随着女儿的出生,哲伟的事业也如日中天,不久,他就坐到了公司中层的位子上。生性要强的他不甘于人后,依然夜以继日地钻研管理学,而带女儿、做家务的事情,全落在了王娟一人身上。

有一天晚饭时,哲伟突然问了王娟一个管理学上的常用术语,王娟却一脸茫然地回答不上来,哲伟微微皱了皱眉头,便埋头吃饭,一句话也不说了。他能说什么呢,因为王娟本身就是学管理学的。

第二天,王娟查阅了资料,弄清了那个术语后,准备跟哲伟探讨。没想到,哲伟却说已经跟单位的小鱼讨论过了。王娟委屈地跟他理论,他却指责王娟平时只会洗衣做饭带孩子,跟她没有共同语言。说完,就自己回屋看书了。

虽然心里有种种不满,但一向崇拜老公的王娟,并没有把心里的话说出来。她只想慢慢改变自己,重新吸引老公,让老公把自己重新当宝贝看待。然而,已经深陷家务的王娟清楚,用知识来武装自己,除了时间来不及,条件也不允许。无奈,她只能通过打扮,用外貌来捕获丈夫的心。她利用家庭的优越经济条件,,从衣服到鞋子,从口红到粉底,购置了一整套,统统的名牌,然后对自己进行精心包装。

起初,哲伟对妻子的改变还感觉到比较新鲜,对王娟也比较温存,王娟甚至还天真地想,人们说的"郎才女貌"真是不假,哲伟那么优秀,而她又是一个众人眼中的美女,我们两个就如同神仙美眷。作为女人,有夫如此,夫复何求呢?

谁知好景不长,不久,哲伟的态度就越来越冷淡了,终于有一次,在王娟向他展示新买的裘皮大衣时，他爆发了："我的姑奶奶，你有完没完？这小半年来，你花在胭脂水粉和名牌服装上的钱，比我一年孝敬父母的还多！还有，瞧瞧你这身打扮，俗！简直俗不可耐！"

王娟也"腾"的一下就火了，冲他嚷嚷道："那你到底要我怎么做你才满足？我承认我学识比不过你，文化也比不过你，我只是想让你对我好一点，这有什么错！"

哲伟却喝了一口水，然后才好整以暇地说道："刚结婚的时候，我文化跟你一样，都是本科，咱们正好是一对。可是我读研了，你却原地踏步，我们的距离越拉越大，不管我说的什么，你都点头，一点主见也没有，在知识上我得不到一点儿反哺！你是新时代的女性，怎么老把自己弄得跟旧社会妇女似的呢？别整天仗着自己有几分姿色便招摇过市，就算穿裘皮大衣一样，没有知识的内涵，照旧不好看！"

听了这滔滔不绝连珠炮似的话语，王娟欲哭无泪。她突然意识到，两人的婚姻弄到这个地步，或许已经无法收拾。其千疮百孔，是什么造成的？还不是她过分迷信"郎才女貌"的鬼话吗！

后来，他俩分手了……

点评：

郎才女貌，无论在舞台上、屏幕上，还是在书本上，演绎了许许多多令人向往的爱情神话。然而，在现实生活中，郎才女貌的婚姻组合，并不见得那样纯真、那样曼妙和那样完美。按照现代情爱论的观点，男女相亲相爱，是共同价值的理解、认知和追求的过程，这一所谓的共同价值，是由幸福指数和概念系数组成的，通俗地讲，男女之间的情爱，在知识上、形象上、性格上、经济上、信仰上以及家庭各方面，应当基本接近或趋向接近，倘若男女双方各方面条件差异较大，则会构成婚姻和家庭结构的不合理，这种不合理往往隐藏着损坏感情和损坏家庭的危害因素。

像王娟与哲伟的爱情，由于形象有差异，知识有差别，追求不一样，在生活中，就难免产生隔阂与裂痕，这种婚姻，男女双方如能深刻理解，及时反思，尚能互相修补，互相改进，共创美好，反之，一味抱着郎才女貌的概念，不做反省，不予自纠，在残酷的现实婚姻中，终将会酿成悲剧。

9. 别让老公成 "唐僧"

先考一道题：为什么有的知识女性，相貌不俗，气质高雅，品行端正，聪颖过人，勤快能干，婚姻却不幸福美满呢？答案："悟空"势单，"妖精"众多，"唐僧"偏偏又经受不住诱惑。

蒋婉蓉是当年学校里的校花，追求者众多，在众多的追求者中，她偏偏对高自己一届的 "校草" 孙明辉芳心暗许。说孙明辉是 "校草" 毫不为过，1 米 85 的大高个，V 字型身材，浓眉大眼，风流倜傥，而且最重要的，是孙明辉自身气质的魅力，成熟、沉稳、睿智，在大学里就显示出了非同凡响的能力。

两人的结合，不光是亲朋好友眼中的一段美好姻缘，在蒋婉蓉自己内心，也觉得找了这样一个老公是自己最大的幸福，所以她不遗余力地将丈夫 "打造" 得更加优秀，为他买名牌服装、高档用品，甚至连丈夫的发型，她都请知名设计师来设计修剪。在这样的倾力打造下，加上自身的努力，理工科出身的丈夫在事业上也是青云直上，很快升任了一家国有企业的高级工程师。

看到丈夫令人艳羡的成绩，蒋婉蓉不再仅仅满足于自己欣赏，她开始在亲朋好友中大力 "推销" 这个 "绝版好男人"，无论是当着亲戚、同事还是朋友，她总是不遗余力地夸奖着孙明辉，有一些孙明辉可去可不去的同学聚会，她也一定要拉着他参加，享受被别人羡慕、赞叹的眼光。

可是时间长了她突然发现，总有一些陌生的号码打到丈夫手机上，甚至有时候还会打到家里的座机上，她询问孙明辉，孙明辉也只说是普通朋友，但是从他接电话时躲躲闪闪的表情，蒋婉蓉还是看出了一丝不正常的苗头。

是 "打破砂锅问到底"，还是 "睁只眼闭只眼" 等丈夫良心发现？蒋婉蓉陷入了迷茫彷徨，她害怕任凭丈夫放任自流事情会愈演愈烈，又害怕自己紧抓不放会将丈夫逼走，就在她犹疑不定时，想到了自己的闺蜜燕儿，于是她一股脑儿地将苦闷倒给了燕儿。

平时，燕儿是蒋婉蓉炫耀幸福的听众之一，对孙明辉的优秀早就一清二楚。听完蒋婉蓉的讲述，燕儿倒是显得风平浪静，她以一个旁观者的身份开导蒋婉蓉，并在最后开玩笑道："谁让你把他'打造'得那么优秀，还自得其乐地到处张扬？现在懂了吧，幸福有时候是需要自己偷着享受的！"

玩笑归玩笑，燕儿还是热心地给蒋婉蓉出谋划策，包括怎样旁敲侧击、怎样"敲山震虎"，甚至有必要，燕儿还会亲自上阵，甘愿当两人逛街的"大灯泡"。在燕儿的帮助下，孙明辉的暧昧电话似乎有所减少。

蒋婉蓉提着的心刚放下没几天，单位突然下发的一个通知又让她的心吊了起来。她在一家三级甲等医院做副主任医师，为了提高业务水平，医院决定让一批中高职称者去国外进修半年，而蒋婉蓉就在名单之列。

工作不能不顾，可是丈夫这块"唐僧肉"也不能不加防护罩，她又想到了闺蜜燕儿。临行前，她千叮咛万嘱咐，让燕儿一定看住孙明辉，保证她从国外回来时能见到"完好无缺"的丈夫，燕儿也满口答应了。

国外进修期间，蒋婉蓉逐渐发现，丈夫的越洋电话越来越少，通话时间也越来越短，她背着丈夫问燕儿，燕儿也只是简单地告诉她没什么大事儿。女人的直感告诉她，他们肯定有什么事情瞒着自己。等到半年以后她从国外回来，迎接她的，是一脸愧疚的丈夫，和燕儿长达十数页的忏悔信……

点评：

仔细想想蒋婉蓉和孙明辉婚姻中的这个大风波，错误到底在谁？包括燕儿在内，三人似乎都有责任，但是作为妻子，要想避免这类事情发生，还是应当防患于未然的。

首先，不一定非得把老公打造得那样出色，盛名之下，必然会引来各种各样的"妖精"，而你并没有孙悟空七十二变的本领，要想让婚姻"终成正果"，显然会变得难上加难。

其次，你也要明白，西天路途遥远，偶遇几个妖精也属正常，关键是你不要把妖精领上门，自己给自己惹麻烦。所以，交友当慎，不要让闺蜜成为你的情敌。

10. 莫把美貌当"资本"

郑桐就读于国内某知名大学的金融系,毕业后进入了一家实力雄厚的外企,并凭借自己的实力和才气,在短短几年之内做到了企业销售部的主管,算是有一份不错的工作。

但是年近而立之年的他,在婚姻方面却是一直没有动静,同事朋友问起来,他也只是淡淡一笑:"婚姻大事,不着急。"

其实在他的内心深处,并不像他表面上那样不急不躁,他整天全国各地飞来飞去,每个月在家的时间也就那么几天,没有那么多精力和时间去谈婚论嫁,而且他也怕自己的忙碌冷落了对方,所以这事儿也就拖了下来。

郑桐认识薇薇是在飞机上。当时两人并排而坐,薇薇一直在睡梦当中,直到午饭时间,她才睡眼惺忪地睁开眼睛,看了郑桐一眼,低声说道:"你能不能多要一份? 我饿了,吃一份不够,又不好意思多要。"

看着旁边狼吞虎咽吃着饭的美丽女孩,郑桐的心里,莫名动了一下。通过聊天,郑桐才得知薇薇是一个模特,刚刚在南方参加了一个车模比赛,获得第三名的好成绩。薇薇的外貌和气质,以及她不做作的性格深深吸引了郑桐。郑桐觉得,作为硬件不俗的白领,如果找一个薇薇这样的妻子,应该是人生的锦上添花,故而向薇薇展开了爱情攻势。

手机传情、花前月下,将郑桐和薇薇的心越拉越近了。几个月后,两人就在同事、朋友艳羡的目光中走上了婚姻的殿堂,所有人也都觉得,这一对才子佳人是天造地设的一对。

可是婚后不久,问题就出现了。

郑桐十分疼爱妻子,为了不让劳累影响了薇薇的容貌,他语气温柔但又坚决地让妻子辞去了模特公司的工作,做一个全职太太。薇薇也觉得丈夫的建议有道理，也就欣然同意了。可是，郑桐的工作性质决定了他必须不断出差，全国各地奔波，而薇薇原来的生活工作环境又是热热闹闹成群结队的，她也一直享受着众星捧月般的待遇，现在突然变成了"全职太太"，丈夫一旦出差，她就成了一个"无用的花瓶"，只能整天闷在家里，这巨大的反差让她适应不了，坐卧不宁，甚至还会失眠，她以为自己得病了。就在这时，曾经的一个闺蜜约她逛街，没想到她出去转了一天，身体所有的不适都烟消云散，这才明白，自己的"毛病"是憋出来的。于是，她就开始不断地约以前的朋友一起购物逛街，当别的朋友有派对的时候，她也会应邀参加，开朗憨直的性格，让她短时间内又重新拥有了大批朋友，这其中当然包括为数不少的异性。

郑桐看在眼里，气在心里。虽然根据他对薇薇的了解，不可能发生什么事情，但是毕竟这是自己的妻子，传到同事朋友的耳朵里，也是一件很丢脸的事情。

他试图通过谈心的方式跟薇薇交流一下，却没想到，薇薇并没有觉得这有什么不好，反而觉得这是她值得炫耀的资本，也是对自己美貌的肯定，她认为郑桐娶了她这样的美女做妻子，是一生的幸运。

郑桐无计可施，求教有生活经验的老同事，打算跟她商量要一个孩子，希望能用孩子收一下她爱玩的心。本想当天晚上跟薇薇谈，不曾想她去参加一个"party"，直到凌晨才满身酒气地回来。第二天，郑桐刚表达完自己的想法，薇薇就腾地一下从沙发上弹了起来，斩钉截铁地说道："我不要孩子！"

两人围绕孩子这个问题产生了最激烈的一次争吵，人生观和价值观产生了巨大的分歧。郑桐认为，两人生活，就该安安分分平平淡淡，而薇薇却为了保持自己的身材和美貌，坚决反对生儿育女。

最后的结果，是两人都焦头烂额，结婚不到一年后，又到民政部门领取了绿色的离婚证。

点评：

自古以来，无论是文学作品还是现实生活中，才子佳人、郎才女貌，一直都是人们讴歌、赞颂、羡慕、追求的婚姻的最高境界。这也误导了部分男性，认为自己是"才子"之流，就必须寻找一个"佳人"相配，往往只注重了对方的外表，而忽略了其内在的东西。同时,作为另一半的妻子,有些女性一旦嫁给了"才子",一味将相貌当资本,在婚姻经营中,不注重个人修养,不追求事业进步,到头来演绎了一幕幕情感悲剧,令人叹息不已。

11. 遇到恋人不"迷航"

2003 年，林染陪同学去医院看望病人，遇到了那个病人的朋友曾云。其貌不扬的曾云，在林染的心里并不完美，但是认识以后，曾云不断地跟她联系，他的热情终于让林染芳心暗许。没想到她的这段初恋却遭到了家里的坚决反对，两人也做过许多努力，无奈家里的态度一直很强硬，在抱头痛哭了一场后，还是分开了。

后来林染在家里的安排下，跟"门当户对"的王寒柏结了婚。王寒柏在外地一家外贸公司上班，只有年休和春节才回家。林染是当地生物公司的研究员，跟王寒柏根本没有共同语言，又没怎么恋爱，更谈不上有什么感情，完全就是为结婚而结婚，婚后一直处于两地分居的状态。在经济方面，他们也比较独立，各自挣钱各自花。

2005 年，他们的儿子出生了。为照顾孩子，王寒柏的父母搬过来和林染住在了一起。由于分居两地，林染和王寒柏虽没感情，倒也没什么矛盾。但这种麻木的关系，却让她和公婆处得很不好，经常为一些琐事争吵。吵完了，她就给丈夫打电话，要求让公婆搬走，王寒柏不同意，两人又会在电话里闹得不可开交。

吵来吵去，林染就有了结束这段婚姻的念头，但想想孩子，她又犹豫了。有一天，她刚为了孩子尿布的事儿跟婆婆吵完，一个陌生号码打了过来，她摁下接听键，对方却不说话，她连问了好几句，电话那端才突然传来了熟悉的声音，是曾云。

曾云告诉她,跟她分手后,他随便找了个邻市的女孩,成了"闪婚"一族,并在女孩的家乡买了一套房子。结婚后他去了西藏,这次回来跟朋友聚会时,打听到了她的联系方式,就迫不及待地打了过来。听着久违了的声音,过去点点滴滴幸福美好的时光像电影似的,一幕幕出现在了林染的脑海里,她甚至产生一种错觉,觉得穿越时空回到了从前。

随即,曾云问起了林染的现状。沉默了一会儿,林染把一肚子苦水,全都倒给了曾云,而曾云也在抱怨自己的生活不幸福。也许因为对初恋的怀念,也许因为一个人太孤独,他们在情感上越说越近,浑然忘记了各自都已是成家之人。

从那天开始,林染就经常煲电话粥,她把自己关在房间里,一打就是两三个小时。儿子在外面哭闹找妈妈,她也不管不顾,丈夫给她打电话,总是占线,好不容易接通了,问她跟谁联系,她却冷冰冰地回一句:"你管得着吗?有本事回来管我啊!"然后就以夜深累了为借口挂掉电话,再跟曾云疯狂地发信息。

没过多少时间,两人就觉得仅凭电话和信息远远不能满足相思之情,于是商定,借曾云回家探亲的机会他们见一面。见面的前一天晚上,林染一夜未睡,她又找回了初恋时的感觉。

见面后,曾云带着林染去吃原来经常吃的"鱼火锅",他毫不犹豫地点着菜,都是林染喜欢吃的,而且还不停地帮她剔除鱼刺。看着忙碌的曾云,林染在心里告诉自己:"或许,这才是我一辈子的幸福。"两人泪眼相望把酒言愁,在酒精的刺激下,终于发生了不该发生的事情……

就这样,林染完全沉浸在了跟曾云复燃的"旧情"中而不能自拔,为了他,她甚至愿意放弃一切,包括完整的家庭和年幼的儿子。那段时间,曾云在股市上一亏再亏,折本后就向林染借钱,而林染也不遗余力地帮助他,几千几万地将自己的储蓄给他用。

没有不透风的墙,他们之间的"恋情"还是被曾云的妻子知道了。在一次"幽会"的时候,两人被曾云妻子堵在了宾馆的房间里,接下来的便是曾云妻子的恶言恶语和拳打脚踢,曾云费了好大劲儿才把两人分开。事后,林染斩钉截铁地告诉曾云,她要离婚,要跟他在一起。可是曾云却犹豫了,他支支吾吾地说他父母肯定不会同意,而且他还要对自己家庭和孩子负责,最后他又表示,用了她的钱,他会分期还给她。听到曾云这些话，林染的心凉透了，她什么话也没说，木然地回到了自己家。

王寒柏也从父母那里听说了这事儿，请假从外地赶了回来。一进家门，林染就看到了坐在沙发上抽烟的丈夫，出乎她的意料，王寒柏并没有大吵大闹，而是冷冷地看了她一眼，继续低头抽着闷烟，卧室里，不时传来儿子纯真的笑声。

看着这一切，林染忽然觉得自己原来的生活虽然平淡，但最起码有一个活泼可爱的儿子，还有一个能按时按点对自己嘘寒问暖的老公，并不是想象的那么糟糕，可是这些，竟因为自己的一时冲动而面临着失去的危险，她满怀歉意地走向了丈夫……

点评：

这是"旧情复燃"的一个典型案例，究其原因，家庭的、社会的、丈夫的，甚至是初恋情人曾云的，都是造成这段婚姻危机的因素，但妻子林染的不当行为，似乎更为主要。要么就坚持到底，要么就彻底放弃。婚姻，其实就是一个妥协的过程，既然选择了，就该加以珍惜，就该从容面对。

婚姻保鲜红绿灯（妻子篇）

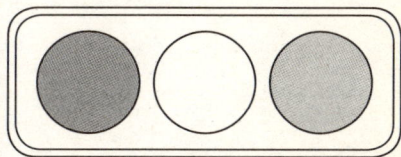

附　录

附录 1：

名人婚姻语录

●婚姻的幸福并非完全建筑在显赫的身份和财产上，却建筑在互相崇敬上。这种幸福的本质是谦逊和朴实的。

—— 巴尔扎克

●夫妇是伴侣，是共同劳动者，又是新生命的创造者。

—— 鲁迅

●我不知道有什么比教养一个孩子成人更神圣的职责了。

—— 贝多芬

●婚姻的艺术在于：不要期望丈夫是戴着光环的神，妻子是飞翔的天使；不要求对方十全十美，而要培养韧性、耐性、理解和幽默感。

—— W．A彼得森

● 有时婚姻也会使一个女性迷失自己，不然，世界上杰出的女性原应多得多。

—— 三毛

● 婚姻是恋爱的完成，不是坟墓。婚姻通常有很长的一段时间，死而后已。

—— 梁实秋

● 婚姻就好比桥梁，沟通了两个全然孤寂的世界。

—— 基尔·凯丝勒

●在父母的眼中,孩子常是自我的一部分,子女是他理想自我再来一次的机会。

—— 费孝通

● 婚姻最坚韧的纽带不是孩子,不是金钱,而是精神上的共同成长。爱情有时候也是一种义气。

—— 杨澜

● 夫妻之间是否应该有个人隐私? 我的看法是:应该有 —— 应该尊重对方的隐私权;不应有太多事实上的隐私。

—— 周国平

● 哪里有没有爱情的婚姻,哪里就有不结婚的爱情。

—— 富兰克林

●婚姻不是一张彩票,即使输了也不能一撕了事。

—— 诺尔斯

●妻子不贞,丈夫有一半责任。丈夫不贞,太太也有一半责任。如果把对方逼得落荒而逃,责任更大。

—— 柏杨

●世上没有完美的人,却可以有完美的合适。家是女人的梦,女人是男人的梦,能将梦转化为现实的夫妻,才能长久。

—— 蒋子龙

●身体偶尔的背叛可以原谅,心灵的长期背叛不能容忍。有时要难得糊涂,有时要当机立断,这是婚姻的大智慧。

—— 王海鸰

● 美满的婚姻就好比一笔异常丰厚的退休金:盛年时,你将一切所得放入其中,经年累月,它便会从白银变成黄金,再从黄金变成白金。

—— 杜威

● 婚姻是完整人生的精髓。

—— 奥斯瓦尔德·施瓦茨

● 幸福婚姻的前提是:各自努力去满足对方的需要。但是完全满足是不可能的,因此也应该学会明智地承认现实。

—— 奥斯本

● 婚姻是一本书,第一章写的是诗篇,而其余则是平淡的散文。

—— 巴法利·尼克斯

● 对于亚当而言,天堂是他的家,然而对于他的后裔而言,家是他们的天堂。

—— 伏尔泰

● 没有冲突的婚姻,几乎同没有危机的国家一样难以想象。

—— 莫鲁瓦

● 承担义务是幸福而长久的婚姻关系的基础。

—— 弗罗伦斯·伊萨克斯

● 婚姻的持久靠的是两颗心,而不是双方的肉体。

—— 绪儒斯

● 婚姻的基础是爱情,是依恋,是尊重。

—— 列昂尼多娃

● 很多事都是有周期性的,婚姻也不例外,要让婚姻处在一个良性的循环中。

—— 陈道明

●夫妻者,有骨肉之恩也,爱则亲,不爱则疏。

—— 韩非

●婚姻好比鸟笼,外面的鸟儿想进进不去;里面的鸟儿想出出不来。

—— 蒙田

●婚姻在罗马人中间的定义是"终生分享命运",夫和妻叫做命运的分享者。

—— 维柯

●幸福的婚姻在于妻子提供好气候,丈夫提供好风景。

—— 杰拉德·布雷南

●真正的婚姻不是 1+1=2,而是 0.5+0.5=1。即:两个人各削去自己的个性和缺点,然后结合在一块。

—— 张弘

●都说婚姻是爱情的坟墓,但没有婚姻,爱情将死无葬身之地。

—— 蔚子

●情如鱼水是夫妻双方最高的追求,但我们都容易犯一个错误,即总认为自己是水,而对方是鱼。

—— 马周

●婚姻的成功取决于两个人,而一个人就可以使它失败。

—— 塞缪尔

●在真正幸福的婚姻中，友谊必须和爱情融合在一起。

—— 莫洛亚

●最完美的产品在广告里，最完美的人生在悼词里；最完美的爱情在小说里，最完美的婚姻在梦境里。人人都希望完美，但这只能是追求，而不能指望。

—— 劳伦斯

●结婚就是两颗心结合在一起。

—— 泰戈尔

●结婚就意味着平分个人权益，承担双份义务。

—— 叔本华

●建立在理性上的婚姻才可能是幸福的婚姻。

—— 列夫·托尔斯泰

●在婚姻中，每个人都要付出，同时也要收回点什么，这是供求规律。

—— 罗曼·罗兰

●美满姻缘是生活中甜蜜的联合，充满坚贞、忠诚以及难以计数的有益的帮助及相互间的义务。

—— 蒙田

●信任是婚姻关系中两个人所共享的最重要特质，也是建立愉快的、成长的关系所不可短缺的。

—— 尼娜·欧尼尔

●如果两个人的结合只是性意义上的结合的话，那么他们的幸福只能是短暂的一瞬。度过灿烂辉煌的一瞬之后，接踵而来的是空寂和漠然。

—— 箱崎总一

●为了能使家庭的幸福长久，精神恋爱始终都应伴随肉体的欢爱；同样，肉体的欢爱如果不和谐美满，也会影响人的精神恋爱，使人彼此疏远冷漠。

—— 尤·留利柯夫

● 同是一件婚事，一些人视之为儿戏，而另一些人，则视之为世界上最庄重的事情。

—— 列夫·托尔斯泰

●与所爱的人长期相处的秘诀是：放弃改变对方的念头。

—— 萨尔丹

●与其与一个冷漠无情的聪明女子结婚，不如和一个多情鲁钝的女人结合。

—— 卡尔·波普尔

●在幸福的婚姻中，每个人应尊重对方的趣味与爱好。以为两个人可有同样的思想，同样的判断，同样的欲愿，是最荒唐的念头。

—— 摩路瓦

●婚姻，若非天堂，即是地狱。婚姻就好比桥梁，沟通了两个全然孤寂的世界。

—— 列昂尼多娃

●对爱情不必勉强，对婚姻则要负责。

—— 罗兰

●对待婚姻问题，必须严肃，不要饥不择食。不问政治，只看外表，结果会弄出很多纠纷,或者生活不到头。

—— 王若飞

●婚姻如同穿鞋,舒服不舒服,只有脚知道。

—— 雷舒雁

●高难度的爱情,是月色、诗歌、三十六万五千朵玫瑰,加上永恒;高难度的婚姻,是账簿、证书、三十六万五千次争吵,加上忍耐;高难度的人生,是以上两者皆无。

—— 朱德庸

●要使婚姻长久,就需克服自我中心意识。

—— 拜伦

●爱情是一种脑力劳动,婚姻是一种体力劳动。爱情仿佛打桥牌,全靠算计;婚姻仿佛打麻将,全靠运气。

—— 佚名

●夫妻间的和睦也同友情一样,最美满的是双方都既不掩饰自己,又能协调相处。欺骗性地结婚是不幸的。

—— 武者小路实笃

●在和睦的家庭里,每对夫妻至少有一个是"傻子"。

—— 莎士比亚

●一对彼此相配的夫妇是经得起一切可能发生的灾难的袭击的,当他们一块儿过着穷困的日子的时候,他们比一对占有全世界的财产但离心离德的夫妻要幸福得多。

—— 卢梭

●男人们多么讨厌妻子购买衣服和零星饰物时的长久等待；而女人们又多么讨厌丈夫购买名声和荣誉时的无尽的等待 —— 这种等待往往耗费了他们半生的光阴。

—— 托马斯·萨斯

●男人越是成功,就越是需要一个帮助丈夫树立良好形象的妻子。

—— 卡耐基

附录 2：

名人婚姻保鲜术

●**杨澜**：我认为婚姻最坚韧的纽带不是孩子，不是金钱，而是精神上的共同成长。爱情有时候也是一种义气，不光是说这个人得了重病，或者他破产了你仍然跟他在一起，还有另一种是，当他精神上很困惑、很痛苦，甚至在你身上发脾气的时候，你依然知道他是爱你的。

●**赵雅芝**：幸福不是必然的，爱情和事业需要经营，我的方法就是尽职尽责，体谅丈夫，在他需要帮助的时候帮助他。

●**蒋雯丽**：如果说结婚是考验爱情的第一个门槛，那么孩子就是第二个，不要把心思都放在孩子身上而忽略了丈夫，而应该发自内心地为丈夫做些什么，哪怕是最小的事情，一个拥抱，一个笑容，一个亲吻，让他体会到女人的温情。

●**刘嘉玲**：刘嘉玲和梁朝伟，实在是娱乐圈里罕见的爱情。刘嘉玲在接受记者专访时说："我相信我们能够白头到老！""总会发生问题，总会有一些负面的东西。我们能够做的是把负面情绪缩到最少，尽快忘记，把好的、正面的东西放大，有一个快乐生活下去的动力。"

实际上，外表强势的刘嘉玲一直在改变自己，来迁就梁朝伟的生活习惯，她正在努力成为"刘三姐"——戒烟、戒麻将、戒夜店！

●**应采儿**：去年成婚的应采儿和陈小春，也成为了圈内的模范夫妻。接受记者专访，应采儿坦言和陈小春在一起，是之前绝对没有想到的，"我一直以为我会找一个和我一样背景的 ABC，我以前讲过，绝对不会找一个不会说英语的，不会找圈内的艺人,没想到都中了,所以千万不能说绝对!"

遇到应采儿之前,45 岁的陈小春一直被誉为"情场老油条"。现在,陈小春会定时问候老婆"吃没吃饭、辛不辛苦",甚至扯谎去泰国度假,其实跑去广州探她的班!

在应采儿眼中,陈小春虽然比她大十几岁,但还是一个老男孩。"他不知道自己有多少钱,口袋里总是塞了很多钱,你跟着他都能捡到 1000 块。"结婚后,陈小春主动把财政大权交给了应采儿。

●**王馥荔**:夫妻之间没有高低之分,夫妻吵架退一步反而会海阔天空,赢得幸福的婚姻。我们夫妻之间就形成了这样几条不成文的规矩:吵架或顶嘴不要过夜,不要睡沙发;大家有什么都要互相坦诚地来交流、沟通;如果一个人在外、一个人在家的话,要互相报喜不报忧。

●**敬一丹**:在星光灿烂的名人圈,事业与家庭在更多情况下是对立的,是只可取其一的。而对于敬一丹而言,事业与家庭就像女人生命中幸福天平的左边与右边,两边都是那么的重要,在为自己的事业赢得辉煌的同时,她也要把自己的家经营得温馨和睦……

敬一丹的婚姻是美满的,从恋爱到结婚,再到一起生活了二十几年,两个人一路携手走来,每段回忆都是那么的甜蜜和幸福……

当知青的日子结束后,敬一丹考取了北京广播学院(现中国传媒大学)播音系,毕业后被分配到黑龙江省人民广播电台工作。那时候,敬一丹工作稳定,收入也不错,但追求上进、喜欢挑战自我的她并不满足,一心想考取研究生。当时,她已年近 30,而且英语基础很差,因此连续报考了两次都铩羽而归,但敬一丹并没有放弃。

1985 年春天,哈尔滨依然冰天雪地,但敬一丹的内心却像火一样热烈,她满怀憧憬地第三次走进了考场。就是这次考试,不仅使她梦想成真,而且还收获了一份甜美永恒的爱情。

在考场上相逢的王梓木,最终成为了她的恋人,更让这对年轻情侣感到幸福的是，他们同时考上了研究生，而且考取的都是北京的院校。敬一丹考上了北京广播学院（现中国传媒大学）播音系的研究生，而王梓木则被清华大学经济系录取为研究生。

1985年秋天，敬一丹和王梓木双双来到了北京求学。在举目无亲的北京，这对清贫的学子相依相偎，彼此是对方最温暖的依靠。这年10月，王梓木和敬一丹牵手走进了婚姻的殿堂。结婚以后，他们的家里充满了温馨。在读研究生的3年时间里，他们互相帮助、互相鼓励，在繁忙的学习之余，也时常抽出点时间，去香山观赏红叶、到北海划小船、到潭柘寺看松林。那段时光既幸福又甜蜜。

如果说相恋、相爱是婚姻幸福的第一步，那么婚后敬一丹夫妻间在事业与生活中的互相支持与理解，则是他们的婚姻至今仍然幸福美满的最重要因素。

敬一丹研究生毕业后，曾经留校任教。对于一个女人来说，在大学里当老师，既可以照顾家庭，又显得十分体面。可敬一丹并不满足于当一个教师，她的内心还有一个愿望，特别想到新闻第一线去做些实实在在的工作。丈夫是了解敬一丹的，在知道了她的想法之后，他用言语表达了自己对妻子的支持："你去电视台吧，去做你愿意做的事情。"

虽然新闻工作不是丈夫的专业，但是他仍然十分关心敬一丹主持的节目。不管他工作多忙，只要是敬一丹主持的节目，他都坚持看。而且每次他看完之后，都要从一个普通观众的角度提一些意见。可以说，敬一丹在主持水平上的每一点进步，都浸透着她丈夫的汗水。

与敬一丹的事业蒸蒸日上相比，她的丈夫在事业上也取得了不错的成绩，年轻的王梓木当时任国家经贸委综合司副司长，经常出国考察、下去调研，政治前途不可限量。但就在这个工作顺风顺水的时候，王梓木却决定辞去公职，开始做自己的事业。和许多人一样，敬一丹也对丈夫的选择表示不理解，她与丈夫认真地进行了一次谈话，王梓木对妻子说："一种工作做久了，人都会产生惰性和厌倦心理，失去前进的动力，我想另外去开辟一番新的天地。"多年的相濡以沫，使敬一丹深深地理解了丈夫。是啊，人只有过上自己喜欢的生活，才会幸福；只有从事自己喜欢的工作，才会做出成绩。

1996年秋天，王梓木正式下海，并开始组建一家保险公司。为了说服一些股东，那段时间，王梓木不分白天黑夜地与他们进行沟通和交流。当他疲惫地回到家时，敬一丹总会为他端上一杯热气腾腾的清茶，用鼓励和信任的眼光看着丈夫。从妻子关爱的眼光里，王梓木找到了自信和源源不绝的力量。

1996年，中央电视台新闻评论部组建《焦点访谈》栏目组，制片人孙胜力邀请敬一丹加盟，敬一丹的事业又迎来了新的挑战。此后，她又进入央视名牌栏目《东方时空》担任主持人，她沉稳淡雅的主持风格赢得了很多观众的喜爱，成为了荧屏上的一大亮点。而王梓木的事业也初露曙光，经过艰难打拼，他终于组建了由63家大中型企业做股东的华泰保险公司，并亲自担任董事长。敬一丹由衷地为丈夫感到自豪！这对恩爱夫妻像一对比翼鸟，在各自的领域里展翅翱翔！

曾经有人问敬一丹："给你这样的人当丈夫，应该是个什么样子？"敬一丹充满自豪地说："从我先生的身上看，一个是宽容，一个是自信。"她还说："宽容和自信结合到同一个男人身上的时候，这个男人就称得上是一个完美的男人、一个很有魅力的男人了。"从敬一丹的话里，我们可以体味出一种属于女人的幸福味道。与他人不同，在跟别人提起丈夫的时候，敬一丹总是恭恭敬敬地称王梓木为"先生"。这个称呼里面，除了爱以外，还有很多尊重和钦佩，因为"先生"不仅是生活上的爱人，还是老师、是朋友、是志同道合者。

在敬一丹的心目中，家庭是最温馨的港湾。每当有人问起家庭和事业什么对她更重要的时候，敬一丹总是毫不迟疑地说："当然是家庭。别忘了，人的一生一死这两头，是源于家也了于家，事业不过就是中间那么一段。"敬一丹首先是一个好妻子、好母亲，然后才是一名出色的主持人。在家里，她和其他女人一样，是母亲的好女儿，是丈夫的好妻子，还是女儿的好母亲……

女儿出生后，敬一丹几乎跑遍了整个北京城，挑选了几十种漂亮的花布，为女儿做了很多漂亮的衣服。她将女儿打扮得像个小公主，然后和丈夫一人牵着女儿的一只小手在小区里散步，享受一个母亲的骄傲和快乐。

星期天，敬一丹很少出去应酬，她会开着车去超市把丈夫和女儿的日常用品都买回来，然后把家收拾得干干净净。冬天到了，贤惠的敬一丹就买来各种新鲜蔬菜，然后腌制成咸菜。她还会"变废为宝"，把家里的旧衣服剪成一条条，绑成拖把。

和天下所有的普通夫妻一样,在平凡而琐碎的婚姻生活中,敬一丹和丈夫有时也会闹点小矛盾,好的是夫妻俩都能做到宽容和忍让。每当一方急的时候,另一方就不说话了,等对方平静下来后,再进行沟通和交流。因此,他们的矛盾和摩擦常常不过夜。

岁月仿佛一条悠悠的河流,一转眼,敬一丹和王梓木的婚姻已经风平浪静地走过了二十几个年头。二十几年来,夫妻俩相濡以沫,风雨同舟,每一天、每一个细节都足以令他们回味一生。

● **海迪克卢姆**: 现年 37 岁的海迪克卢姆,不仅有天使面孔魔鬼身材,才艺方面更是欧洲女星的翘楚。模特出身的她,纵横 T 台十年之久,成名后参与电影电视方面的表演,跻身世界一流女星的行列,曾在美国电视剧《欲望都市》(电视版电影版)中担任女配角。

不过,成名后的海迪克卢姆,在婚姻方面屡遭挫折。1997 年,她先嫁给了造型师瑞克皮皮诺(Ric Pipino),但在 2002 年离婚,随后她曾与呛辣红椒主唱安东尼凯迪斯(Anthony Kiedis)和 F1 雷诺车队老板傅莱维欧布里亚多(Flavio Briatore)短暂交往过。

直到 2004 年年初,海迪克卢姆在认识歌手席尔(Seal)后,才找到了自己的终身伴侣。如今,海迪克卢姆和席尔是令人羡慕的一对夫妻。海迪克卢姆至今生了四个孩子。

海迪克卢姆谈到个人婚姻时表示,"在很多方面,我跟丈夫是很对立的。这时,就得考验他了,幸亏,他也是个很有耐心的人,无论是生活还是教育孩子,而我则是在一旁附和"。

谈到如何和丈夫保持甜蜜的爱情,海迪克卢姆透露,"这方面,我不得不说,我们都是两个在生活上挺有创意的人,我们会偶尔寻找一些刺激,我们互相保持尊重和信任。想想过去,回过头来看我现在的生活,我真觉得我是个幸运的人"。

附录 3：

魔幻"数字婚姻保鲜"

● 为幸福保鲜，必学 4 种婚姻调味法

婚姻需要从内而外全面调养才能历久弥新。婚姻就像一道需要假以时日精心炮制出来的浓汤，材料、火候、时间、调味剂，无一不是关键元素，任意一道工序不够精致都会影响汤的美味。一道美味佳肴可以带给你充沛满足感的话，营造美满婚姻生活也会让你加倍体会到成功的喜悦！运用各种调味剂来为婚姻家庭调个味吧，即使原料不变，你每天面对的另一半依然是他，生活也会变得五颜六色，时刻充满新鲜激情，让你爱不释手！

感情生活同样需要细心呵护，不因时间冲洗而淡化，反而历经岁月洗练越发浓香醇厚，其中秘诀就是——让幸福婚姻更鲜活的 4 种调味法，你必须要知道！

随着共同生活时间的渐渐延长，对彼此认识越深入，夫妻双方的新鲜感和吸引力也越来越淡薄。婚姻就是这样一种存在，无论多么可口美味的食物，吃久了也会索然无味，但这是生活营养重要来源的基本补给，质量好坏也完全取决于制作者的手艺如何。为什么不把婚姻当做下厨一样在享受过程的同时进行各种新鲜有趣的尝试改变呢？

1. 学会在结婚以后谈恋爱！

没错，即使结婚后你们已经过上同一个屋檐下天天朝夕相处的生活，谈恋爱这个好习惯仍然要继续维持下去——如果希望恋爱时甜蜜融洽的气氛能始终延续下去，这个习惯就一定不能扔掉。无论什么事情的最终结果永远都与我们对待它的态度息息相关，像谈恋爱时一样注意自己的衣着打扮，每天出现在他面前的是一个光彩照人的精致女人；在必要时仍然会用"女朋友"而不是"老婆"惯用的撒娇可爱语气和他说话……诸如此类的只有恋爱时期才会运用的小手段，让它们一直发扬光大持续下去，恋爱气息就会永远萦绕在你们之间。披着结婚外衣过

甜蜜的恋爱生活,没有比这更浪漫的事啦!

2. 抱着"坚持到底"的觉悟勇敢走下去。

毋庸置疑,结婚无论对男女来说都是人生中至关重要的一件事。结婚是男女双方决定牵手共度一生的认证,一旦决定结婚,就势必要抱着这种觉悟坚定走下去。结婚不是爱情开花结果的最终象征,而是相濡以沫漫长岁月的刚刚起步,在未来日子里,一定有各种出其不意的困难横挡在你们面前,无法预知而且难以想象。我们要做的,就是勇敢去迎接生活同时微笑,保护家庭中的所有成员,不让自己的鹊巢受到丝毫影响和伤害。你一定是抱着认真生活的信念最终决定踏入婚姻殿堂的,那么在结婚以后,请将这个信念更加勇敢地坚持到底。在他面前你可以小鸟依人做个娇滴滴的小女人,也可以不拘小节是个大大咧咧的傻大姐,总之各种形象随你喜欢,但面对婚姻,你一定要做个无所畏惧的大女人。

3. 培养独一无二的"爱的语言"。

如果你认为自己结婚会过着和其他人一样波澜不惊的婚姻生活,并且认为这才是现实婚姻的真实常态,那你可就大错特错了!谁也没有规定结婚之后一定要过什么样的生活,这完全是一件主观意愿的私人事件,你绝对有理由按照自己的理想规划实践,与别人无关。如果不想让你的婚姻生活平淡无奇,或是希望你们的关系与众不同跳脱出普通夫妻的相处模式,试试培养一种特殊的只有你们彼此懂得的"悄悄话"。每天出门前雷打不动地必定要给彼此一个 bye kiss,一定要彼此拥抱才能进入睡眠,发生争吵感到极度愤怒时恨不得抓起手边的任何东西扔出去时,用扔鸡蛋来代替物品 …… 这些小习惯不仅有助于为感情保鲜,还是生活情趣的重要来源,想象一下戏剧效果十足的场面出现在你们身上,即使是普通生活,也能过得不输给好莱坞甜美爱情剧!

4. 千万别丢掉本来的自己,不同的立体性格让生活火花不断。

我们首先要确定这样一个前提,你们基于彼此吸引并且欣赏,在拥有共同的生活目标和志同道合的爱好兴趣上走到一起组建了婚姻,你爱他,但他并非世界上的另外一个你。因此性格差异和不同的生活习惯完全都是情理之中甚至理所当然的存在可能啊,要知道一对有默契的夫妻可以几个小时坐在沙发上各自看书,甚至静默地独自思考想心事,并不需要刻意制造话题。对他们来说,能在彼此身边互相陪伴已经足够，并且是最轻松惬意的生活方法。真的可以做到吗？不如你来试试看。

一个小细节上的改变，甚至可能只是心中一个小小念头的变化，都可能为生活带来难以想象的巨大改变。你就是这段婚姻关系的掌勺大厨，酸甜苦辣咸全部由你一手掌握，决定要为你们这道生活进行哪些调味呢？加些奶油？还是多些咖喱？

●婚姻保鲜注意7个小细节，让你每天似新婚

婚姻保鲜，是每一个女人都要认真面对的问题。男人总是粗枝大叶、漫不经心，如果你也一样，那你们的婚姻由谁来维系呢？任其自然发展，难免会驶进死胡同。所以，已婚女人一定要把婚姻保鲜的责任承担起来。

第一个细节：经常用正视端详的目光看他，记住每天上班前为他整理下衣装。几乎每个男人都需要欣赏与关爱，特别当这种关爱是经年累月地从身边女人的眼神和细节传递给自己时，那种浑身上下的怡然和温暖胜过任何语言的赞美和体力的支撑。所以，我想对女人说的是，当你的男人每天提着包上班出门的那一刻，请一定要记住用一种欣赏的目光打量他，哪怕他的衣服穿得再整齐领带打得再漂亮，你都要为他整下衣领拍打下衣服，然后用一种欢快的声音说："嗯，我老公很帅，加油！"当然，最好每一个时期，你都能在这样的话语中给他一个微小的可以实现的挑战和要求。相信这样的男人在工作岗位上一定会比别的男人多几份干劲和对家的想念。

第二个细节：在装扮自己的同时，一定要记得适时地也给他买几件合身而又高档优质的衣服，其中包括他的内裤。

你给他买衣服，代表你的心中在经常想着他。衣服买得合身说明你了解他，衣服有档次，更加表示了你的品味，同时也隐藏着你对他的要求和定位，实际上这些对男人来说都是一种信息的交流和爱与力量的传递。特别是男人的内裤，这代表着体贴私密和不容他人替代的关爱。说句玩笑话，试想想，就算你的男人有外遇之心，当他在脱去内裤之时也不得不经历一下你私密的考验，哪怕是他的动作稍有停顿，这便就是一种胜利，因为再冲动的男人只要想到这份爱，便就会多些冷

静,犯错的机会也就大大减少。

第三个细节:经常肯定他,他所做的包括工作和对家庭的任何一次努力,你都要记得说一句:亲爱的,辛苦了!

肯定有人说,这样的婚姻该有多么虚情假意啊,其实不然。人们常说的"相敬如宾",说的就是这个道理。在我看来,夫妻之间是要互相尊重和肯定的,甚至它比常人之间更为重要,只有这样,婚姻才有可能打破长年累月的枯燥感,并让彼此之间保持适度、必要的距离,这种距离不是陌生,而应该是一种欣赏、肯定和在盲区之外看清对方。一句淡淡的"亲爱的,辛苦了!",看似矫情多余,但只要发自心灵,传递的却是一种最大的认可、肯定和交融,听了这句话,男人再累再疲劳,内心都会得到一份无可替代的欣慰和关爱,于是苦也就变成了甜。

第四个细节:记住他所珍视的每一个特殊日子,其中包括:他的生日、他父母的生日、你们的结婚纪念日、他晋升的日子,甚至是他要给乡下家人打电话的日子。

我想,但凡是哪个女人能真正做到这一点,男人基本上就已经被感动甚至是降服得差不多了。男人长年在外奔波,最大的愧疚就是对家人父母的亏欠了,可出于工作和天性的原因,他们总是会忘记,往往只能事后拍大腿后悔……而这一切,自己的女人竟然在无声无息中全都帮他圆满细心到位地搞定了,这是一种多么大的惊喜、感动和崇敬啊!时常有这种感情做底,女人还用担心自己的男人在外面找别人吗?

第五个细节:难得糊涂,不轻易揭穿他的谎言。天底下,十个男人九个喜欢吹牛,它就像女人爱唠叨一样,这是一种心理的需求,更是一种情感的宣泄。所以,聪明的女人要允许自己的男人适时地吹吹牛,男人只有把牛吹够了才能更好更长久地爱你。但现实中,有一些女人总是对男人的吹牛嗤之以鼻,无论什么场合总是把男人的这一"爱好"拦腰截断,甚至是当场揭穿……不言而喻,这样的女人男人是很难打心眼里一辈子只爱你一个人的。当然,我这样说并不是完全剥夺女人"追求真理"的权利,若是真正遇到一个把吹牛当事业做当饭吃的男人,我还是赞成女人勇敢地捍卫真理的,只是方式方法上还是要稍微注意,能暗示则暗示,能预防则先预防,要不,再痛苦得不行的话,就只能离,婚姻也就没有保鲜的必要了。

第六个细节：给他独处的空间。男人在遇到困难和挫折,特别是抉择的时候,是很需要一个冷静的环境的。男人不同于女人,他们没有女人先天优势的感性,在他们的观念里对待什么事物都认为只有经过理性思考后才是放心和正确的,而思考是需要独处和足够的条件空间的,这些空间和时间都需要婚姻另一方的女人去给予。如果女人因此就臆断男人对自己的爱打折了,甚至是胡乱地猜疑他有了别的女人,这显然是对男人最大的漠视和伤害了。

第七个细节：留住男人的胃。女人一定要懂得做几道自己男人爱吃的菜。

"留住男人,先留住他的胃",这是祖辈传下来的真理总结,不管怎么样都有一定道理。但我发觉这点似乎已经越来越被现代人所忽视了,特别是许多80后的夫妻,从小在父母的疼爱下长大,很多女孩子连饭都没做过,更别说要她弄几道男人爱吃的菜出来。并不是我耸人听闻,事实上这样的婚姻是非常不稳定的,看似一个不会做菜的小事,其实却反映到了家之含义的延展性。有一项调查表明,男人最为发达的感觉除了视觉之外就是味觉了,他们更容易记住感激和怀念那种曾经给与他美味享受的人和地方。所以,但凡是家中妻子能做得一手好菜,老公是会经常准时回家和对她心怀感激的。

一口气说了七个细节,也许又有某些女性读者会在背后说我"大男子主义"而一味地要求女人。在这里,我只能再次表明是她们会错了我的意。我写这些文字,并不是要求女人去做什么,而是告诉她们怎样才做得更好,才能让自己的婚姻少走弯路,因为也许一个小小的婚姻细节和艺术带给你的将会是截然不同的两种婚姻感受和结果,但愿朋友们能够理解我的用意。

● 保鲜婚姻的 10 个 "秘方"

有心计的女人总是能从平淡无奇的婚姻生活中找到一些让男人眼前一亮的"小点子",这些"小点子"让她们的婚姻保持了最初的"新鲜"。

当女人换下飘逸的婚纱,回归到柴米油盐的琐碎和朝夕相处的寻常生活中时,就会发现原来婚姻中两个人的相处并不像自己原来想的那样简单,婚姻生活也不像想象中的那样温馨。各种各样的烦心事接踵而至,让人应接不暇。的确,爱情与婚姻本就不是同一件事情。如果说爱情需要的是激情,是甜言蜜语和花前月下;那么婚姻需要的则是细心的经营,是柴米油盐和桌上床下。

然而有许多女人并不明白这个道理,她们认为婚姻就是"一锤定音"了。她们懒得再去努力促使生活充满新鲜,也懒得再装饰自己、提高自己了,结果她带给老公的是一种单调而乏味的生活,久而久之,他们的爱情"变味"了,他们的婚姻也走到了尽头。

而有心计的女人却早已参透了这个道理,所以她们懂得如何在平淡的婚姻生活中增添一些小情趣,懂得不断地为婚姻这棵大树添加新的营养以确保它的根基健康地成长。其实,这并不难,一句简单的祝福,一顿意外的烛光晚餐,一次精心策划的假期旅行,甚至是一次故意制造的小"麻烦",都会让婚姻多一些温馨,多一些真实,多一些幸福的味道。

著名作家柏杨先生曾在自己的作品里讲过这样一个真实的故事:有一位雕刻家,他的前妻十分漂亮,不仅有文化、有修养,而且持家有道,家里家外大事小情她都办得妥妥当当。但是,最后雕刻家却和她离婚了。而他的第二任太太,长相一般,学问也不高,理家也没有太多章法。家里的一些琐事有时候还要雕刻家自己亲自打理。可是让人想不到的是,他们之间的感情却非常恩爱,尤其是雕刻家对太太更是宠爱有加。柏杨先生对这样的婚姻问题也感到百思不得其解,连连感叹不合乎逻辑,不合乎人之常情。

原来,第二任太太对婚姻有着自己的一套经营方法。每当雕刻家开始创作时,她都会沐浴更衣一番,然后在旁边时不时赞美几句丈夫的作品;当雕刻家熬夜工作时,她不是陪伴在身边就是端出自制的小点心"犒劳"一下辛苦工作的丈夫;当经济不景气,雕刻家的作品卖不出去或者卖不上好价钱的时候,她也从不跟他讨论生活费的问题;任何时候,无论人前人后她都十分尊重丈夫;即使丈夫犯了一些错误,她也总是能以宽容的态度原谅他……

由此可见,幸福的婚姻与女人的相貌、学识并没有太大的关系,而是在于女人是否懂得经营。一个自身条件不是很完美的女人,照样可以拥有令人羡慕的美满婚姻,正是由于她高明的经营手段。虽然,现代社会越来越高的离婚率令许多人对婚姻表示悲观,但是不可否认的是,大多数夫妻都是可以恩恩爱爱、白头到老的。婚姻专家们将许多恩爱夫妻保持婚姻长久的经验总结起来,得出了以下一些值得女人们吸取的经验。

1. 永远都把老公放在第一位。

在谈恋爱时，女人的眼里只有男人；而在婚姻里，女人的眼里又会有了孩子，而在恋爱时被忽略的工作也会再一次显示出巨大的吸引力。这时候的女人难免会为了孩子和工作而忽略自己的老公，这是一种很危险的做法。男人往往会由于你的忽略而心生不满，甚至会做出更出格的事情。所以，有心计的你绝不能因为孩子和工作而忽略了对老公的关心和爱，工作需要他的支持和喝彩，孩子也需要你们两人共同的爱护和照顾。

2. 营造温馨的家庭环境。

家庭是女人避风的港湾，也是男人养精蓄锐的"大后方"。如果你总是让家里乱得连落脚的地方都很难找到，那么老公回家的时间可能会越来越晚。所以，有心计的女人都懂得把家里装扮得温馨舒适，打扫得干干净净，这样老公才会愿意回家，渴望回家。

3. 给老公一定的自由和空间。

虽然婚姻限制了你和他的一些行为，但是你们仍然是独立而自由的。所以你不要总是想要控制你的老公，期望他能以你的意志为转移，以你为生活的重心，这是不切实际的。人的内心都是渴望自由的，尤其对于男人来说自由更为重要。给他一定自由的空间，是尊重他、信任他的表现，面对你的这种尊重和信任他反过来会给你更多的爱。

4. 让老公分担一些家务。

让老公分担一定的家务，真正的目的并不是为了让你从家务劳动中解脱出来，而是要让老公体会一下劳作的辛苦，让他明白长久以来你是多么不容易地在操持这个家。而且，也可以让他意识到自己是这个家里不可缺少的一员，从而增加他对家庭的爱护和责任心。

5. 学会和老公积极沟通。

"谈恋爱"这三个字从侧面反映出，爱情是"谈"出来，其实婚姻也是如此。但大多数女人在结婚以后往往都忽视了与老公的对话和交流，长久下来，难免会让双方产生一些生疏感。而且，在一些问题上如果沟通不及时，那么矛盾便会不期而至了。所以,无论是在平时的生活中,还是在遇到一些问题的时候,都不要忘记和老公积极地沟通一番,那么所有的问题、矛盾都会迎刃而解,烟消云散。

6. 人前维护他的利益。

夫妻之间在私下里闹意见、闹分歧都是在所难免的,也都是可以理解的。但是,在公共场合,你们是一个整体,如果老公在哪方面受到不公平的待遇或是攻击,这时候你必须义不容辞地站出来维护他的利益,这是作为一个合格的妻子应尽的责任和义务。

7. 多一点耐性。

夫妻之间的默契与和谐并不是在一朝一夕之间产生的,而是需要时间的积累。也就是说,是在你们之间的关系不断发展和加深中慢慢建立起来的。这就需要你拥有足够的耐性,如果你总是指望在很短的时间里就可以达到这种效果,那是不现实的。所以,你必须清楚,认识和了解你的老公,需要你有一定的耐性。

8. 对丈夫忠诚。

自古以来,这都是为人妻者应该时刻恪守的一条准则。如果你不够温柔,他也许依然会纵容你的"个性";如果你不再漂亮,他也会只注重你的"内涵";如果你不会做饭,他也能勉为其难给你当厨师;如果你爱慕虚荣,他也可能在你的另类"激励"下更加努力工作 …… 但是,如果你不小心"红杏出墙",那么他或许永远也不会原谅你。所以,无论"墙外"的世界多么诱人,你也要坚信自家院里的风景才是最秀丽的,对这一点一定要时刻保持清醒的认知。否则,后果可想而知。

9. 宽容丈夫的缺点和错误。

人人都有缺点,谁都难免会犯错,你的老公当然也不例外。面对他的缺点,你不要过分苛求他赶快改正,面对他的错误,你也不要不依不饶。适当地允许他有些缺点或不足,适当原谅他犯一些小错误,这样,你才能得到他更多的爱,你的婚姻才更完美。

10. 同甘共苦,患难与共。

经历过风雨的洗礼,婚姻才能无坚不摧。你和他走到一起,形式上是夫妻,其实更多的时候是共同面对生活这场"战争"的"亲密战友"。所以你就要时刻做好与他同甘共苦、患难与共的准备。无论你将要面临的是怎样的痛苦和磨难,你都要相信在你们共同的努力下，终究会看到雨过天晴之后的彩虹。

每一个女人都渴望拥有一个和谐幸福的家庭，这就需要女人不断地学习和掌握拥有保鲜婚姻的方法，然后再用心去经营，方可达成心愿。

● 12 星座婚姻爱情保鲜方法

"人无千日好，花无百日红"，随着岁月的流逝，很多东西会慢慢变淡，爱情也不例外。当绚烂的玫瑰再也映不出彼此的笑脸，当浓香的巧克力再也甜不到对方的心里，当甘美的红酒再也勾不起美好的回忆，当幸福的感觉渐行渐远…… 你们的爱情已经过期，婚姻将成为禁锢彼此的围城，留下的只能是围城里的麻木与遗憾。那么，怎样才能为婚姻保鲜，避免陷入围城呢？下面就来为你献上婚姻保鲜的秘诀吧，愿你永远沉浸在婚姻的甜蜜与幸福之中。

白羊座

个性坦率的羊儿全身充满着热情，总是一副斗志昂扬的样子。但是婚姻不是战场，不需要时时都那么张扬。相反，婚姻就好像是煲汤，需要文火慢炖，让芳香慢慢地飘散开来，这样的感情才能历久弥新。所以，婚姻中的羊儿不妨稍稍收敛你的热情，表现得适当含蓄一些，遇事要沉着冷静，在繁忙之余也应多花点儿心思去经营你们的婚姻，注意照料对方，帮对方分担一些家庭事务。另外，千万不要让自己的占有欲冲昏了头脑，要给足对方自由的空间，让对方充分感受到自己被尊重、被在乎。只有互相扶持，共同协作，互相体谅的婚姻生活才是幸福愉快的，不信你就快试试吧。

金牛座

勤劳、节俭固然是不可或缺的优良品质，但是它并非放之四海皆准的真理，至少在爱情中，牛儿的另一半似乎并不会因此而领他们的情。爱情需要调剂，需要用心去创造，牛儿们不妨暂时把自己的真理先放一放，去花些时间为爱情制造一点点浪漫的氛围，哪怕只是一枝漂亮的玫瑰、一件美丽的衣服、一杯暖暖的茶，甚至是一句大胆的表白，都说明你在想着对方，会令对方感受到你的无穷魅力。不要吝啬于这一点点付出，它换来的将是爱情的保鲜，婚姻的加固。还犹豫什么呢？赶快去主动出击吧，为了婚姻和爱情值了。

双子座

爱玩儿是每个人的天性,但是一旦步入了婚姻的殿堂,你就已经与昔日浮萍一般的漂泊生活宣告分手了。婚姻不是一个人的事情,双子宝贝应该学会主动担当起婚姻的责任,适当收敛自己爱玩儿的性子,多一点定性,培养起自我控制的能力。只有这样才能让对方有安全感,从而感受到家的温暖与重要。世界上没有什么是理所当然的,所以要学会感恩,感谢对方走入了你的生活,感谢对方给予你爱和关怀,并反过来去关怀对方、爱对方。其实,并不需要你做太多,哪怕只要多说一些表达爱意的话,就会让对方甜蜜上好一阵子呢。为了长久的幸福甜美,何乐而不为呢?

巨蟹座

温柔、体贴是婚姻双方的必备要素,但并不是唯一要素,毕竟大家追求婚姻并不是为了给自己寻找另外一份"母爱"。幸福的婚姻还需要有激情与浪漫作调剂,所以追求鲜美婚姻的巨蟹宝贝们不妨把自己那一颗饱蘸"母爱"的心暂时收起来,时不时地搞点儿小神秘,来点儿小刺激,制造点儿小惊喜,千万不要低估了对方对这些调味活动的喜爱程度哦。当然,要想让婚姻长久保鲜,互相了解也是必不可少的。心里有什么想法,不妨直接告诉对方,这样才能被对方所了解、重视和保护。更何况心里藏太多的事,会加重自己的负担,还不如早早地吐露给对方,两个人一起分担就轻松多了。

狮子座

婚姻是两个人共同的阵地,只要步入了婚姻,双方就站在了同一个战壕里,这时重要的是二人配合作战,切忌独霸专行。所谓柔能克刚,适当的温柔是婚姻保鲜的一大秘密武器。在自己犯了错的时候,不妨温柔地低头承认错误,既给足了对方面子,又让自己找到了台阶下,这样一箭双雕的事情,为什么不去做呢?

每个人都渴望获得别人的认可,那么为什么不定期告诉对方你最喜欢他哪一点,你欣赏什么,钦佩什么,他在你眼中的长处是什么。要知道,你的欣赏不仅能让对方雀跃,还能帮助对方建立信心来挖掘自身的潜能,让你们的婚姻更加稳固和谐。

处女座

人无完人,事无尽善,眼睛里总有进沙子的时候,所以凡事不可太过较真。人生在世难得糊涂,有时候睁一只眼闭一只眼,反而会让对方为你的忍让与宽容而折服,更加珍惜你对爱人的宽容之爱。所以,在婚姻爱情中也要抓大放小,一些细枝末节能过就过,不要太过深究了。当你喜好对方的优点,并宽容地接受对方的缺点时,你们的婚姻就会常常充满惊喜。

天秤座

天秤宝贝温柔体贴,对伴侣关怀备至,几乎是无所不及。但是古人告诉我们"过犹不及",太过关心对方只会让对方烦恼,甚至觉得你对他不信任。不如给对方一定的空间,同时也让自己有更多的时间去关注更有意义的事情。一个在适当的时候给予对方支持和帮助,而又没有失去自我的天秤宝贝会让对方沉浸在和你的婚姻中,乐不思蜀。

天蝎座

怀疑精神用在科学研究上,可以带来意想不到的发现,可是用在婚姻爱情上就只能适得其反了。不要将你身边的人都空想成潜伏的敌人,过分的压力只会让对方喘不过气来。放松自己敏感的神经,给自己和对方一点信心,多一些宽容和信任,你的情感会更加顺畅,生活也自然会更加美好。切记,把爱情放在宽敞通风的地方更加利于保鲜。

射手座

每个人都有权利独立,而且应该独立,但是独立并不等于自我,特别是在婚姻生活中。婚姻双方要互相扶持,在伴侣失败时要伸出援手,在伴侣烦恼时要学会倾听,在伴侣消沉时要不时鼓励……太过自我只能让感情渐渐疏远,而互相依赖方是长久之道。要使对方充分感受到你对他的重视。遇到问题一定要跟他商量,不要总是自作主张。

魔羯座

婚姻中的两个人需要实实在在地过日子,但这并不是说某些形式上的东西不重要。有时候仅仅是"我爱你"这简单的三个字,就可以让渐渐冷淡的婚姻生活重新燃起旺盛的爱情之火,所以即使是在平时也要不时地向对方表达自己的爱意。在一些特殊的日子里,更是不能偷懒,要给对方制造一些惊喜,让他明白你其实也是一个富有生活情调的人。充满情调的生活,何愁不能保鲜呢?

水瓶座

水瓶宝贝有时候过于任性,喜欢按照自己的心情为所欲为,而忽略了对方的感受。所以要想让婚姻保鲜,就一定得学会包容对方,站在对方的立场上去考虑问题。有时间的话更应该多跟对方相处,哪怕只是平静地坐在一起,那种纯真的爱情感觉,会使婚姻中的你们仿佛正处在初恋之中。

双鱼座

天真浪漫确实惹人怜爱,但是婚姻还需要实实在在地过日子,在生活中充斥着太多实际琐碎的问题,需要有成熟、坚强的性格和聪明灵活的头脑才能自如面对。因此鱼儿们要想在婚姻中畅游,首先还要及时调整心态,增强自己应对各种问题的勇气和能力,勇敢地面对婚姻中的各种挑战。另外,要收敛自己慵懒的性子,即使在婚姻中也要注意修饰自己,毕竟爱美是人的共性嘛。

● 12 条婚姻保鲜计为金婚护航

先是恋爱,而后结婚,再来就是几十年小心翼翼地维持婚姻生活。与满头银发的另一半牵着布满皱纹的手,漫步在夕阳下,是我们所盼望的 happy ending。

但是真正的现实是:调查研究发现,婚后"蜜月期"其实只有 2 年 6 个月 25 天,比人们一直认为的"七年之痒"要短得多得多,之后浪漫感觉基本消亡,对对方的存在习以为常,认为对方的陪伴和关心理所应当。

每个十年都有它自己的经历,育儿、裁员、第二职业以及中年焦虑,还可能会有疾病的困扰。如何保持健康的夫妻关系,一起牵手走过金婚呢?

1. 关注你的腰围

结婚了,就可以彻底放松自己,也不用去健身了,对吗? 当然不对! 已婚夫妻的腰身都会有越加发福的倾向,这不但会降低你的吸引力,还会为身体健康带来隐患。但是,避免体重增加并不那么容易做到。你知道吗,和别人一起吃饭,无论是你的配偶还是同事,都会比一个人吃饭多吃 33% 左右。研究还发现,如果配偶变胖,那么你变胖的风险会增加 37%。因此,要及早建立起健康的饮食规律和运动习惯,以维持你的健康身形。

2. 性爱优先

你应该赋予性爱优先权,而不用将它列入计划。如果 ML（Make Love）也有时间表,那么它就变成了一种义务,就像倒垃圾一样。研究显示,已婚夫妻每年 ML 的次数约为 58 次,平均每周一次以上。而近期一项持续 8 年的研究表明,90% 的夫妻在他们第一个孩子出生之后,其婚姻满意度在下降。对于夫妻间的亲密行为,无论是每周五次还是每年五次,只要两个人都高兴就好。因此,想爱就爱。

3. 有话好好说

学会如何与配偶说话。例如,房间有些脏乱,那么你可以说"这个房间太脏了,你就不能帮我打扫一下"之类的话,你也可以说"我想我们该学习一下怎样让房间变整洁"。婚姻专家称,后一种说法更好,不仅是对你们的婚姻,也是对你们的健康有好处。因为,任何批评或要求的话都会让对方感到压力。

4. 制定家庭准则

小到卫生纸的摆放方式,大到孩子的教育问题,都可能会引起夫妻间的争吵。因此,双方坐下来认真交流沟通,定些生活中的行为准则会有助于家庭生活的和睦和幸福。但也要依据情况灵活掌握。比如,在二三十岁时认可的财务计划或是家庭准则,在某些时候可能会发生改变。比如经济衰退造成的失业,就会影响两个人的职业生涯和家庭经济状况,也会影响到家务的分工。因此,灵活一点,必要时可以重新讨论分工计划和财务目标。

5. 接受配偶的恼人习惯

在对幸福夫妻作调查时,研究人员发现一个有趣的现象:对于配偶的一些恼人的习惯,这些夫妻选择的是接受它,而不是改变它。例如,在幸福夫妻中有这样一对,妻子喜欢将书籍随意堆放在房间任何地方,包括门口。她的丈夫并没有因此而感到恼怒,而是学会了适应。丈夫认为自己的妻子是一个有创造性的、有趣的人,而这一习惯正是这种特质的反映,也是他爱上妻子的原因。

6. 共同制定理财计划

根据一项民意测验,有将近 40% 的已婚者向配偶隐瞒过购买行为。事实上,钱的问题在夫妻吵架原因排行榜上列居第一位,而在经济状况差的时候,两人的感情和关系也更容易受到伤害。因此,应该讨论并商定一些家庭财务基本规划,共同执行和完成。

7. 适当留有隐私的空间

即使结了婚也应保持恋爱时双方的相对独立性和自由度,这样反而会激发相互间的吸引力。人是好奇的动物,假如两个人的生活中什么都是透明敞开的话,那就好比自己跟自己生活,会因为太熟悉而很快失去新鲜感和神秘感。

8. 充分利用肢体语言

不少夫妻在结婚以后,除了性生活,就忽略了其他的肢体表达。夫妻之间要有很纯粹的肢体表达,如逛街时夫妻双方手牵着手一起走;妻子在做菜的时候,丈夫从背后拥抱她;晚上坐在沙发上看电视的时候,妻子把头靠在丈夫肩膀上 ……很多人结了婚就没有这些了,其实这些肢体动作是非常重要的。同时,婚姻中夫妇要互相尊重,一方在说话的时候,另一方应停下手里的事情,看着对方的眼睛,听他(她)讲话。在对方特别需要你的时候,一定要出现,给他(她)最坚强的支持。

9. 保持活跃的生活方式

结婚后,夫妻双方可能会发现对方的优点越来越少,女人变得啰嗦不止,男人变得懒散、不爱干净。这就需要彼此不断完善、修正自己,让自己的优点逐渐多起来,重新增加吸引对方的"筹码",有吸引对方的优点,婚姻就会有鲜活力,就会让爱情"常居常新"。如果在有了孩子以后就停止了运动和锻炼,那么就应该寻找一些新的方法让自己更有活力。专家称,适度的运动就足以帮助我们预防心脏病和其他疾病,而且还会有更好的性生活。

10. 重温二人世界

忘记空巢综合症吧!一项新的研究显示,一旦子女不在身边,婚姻满意度会有所提升。这项研究的女性参与者称,虽然孩子离开前后她们与另一半相处的时间并没有发生变化,但是质量却提高了。

11. 留住男人先留住他的胃

"留住男人,先留住他的胃。"这不但是祖辈传下来的真理总结,更有现代研究表明,男人最为发达的感觉除了视觉之外就是味觉了,他们更容易记住、感激和怀念那种曾经给他美味享受的人和地方。所以,但凡是家中妻子能做得一手好菜,老公是会经常准时回家和对她心怀感激的。

12. 向朋友发发牢骚（但不要太多）

研究发现，"灰发离婚"（夫妻在满头灰发的时候离婚）或是年龄在 50 岁以上的夫妻离婚率正在增长。虽然私房话不太好向外人道，但是向密友倾诉确实能使你受益。通常发生问题时，向夫妻双方共同的朋友求助是很有帮助的。

●真正的爱情所必须具备的 3 个词组：可靠、忠诚、负责

合作需要一生的承诺，只有许下一个坚定不变的承诺，婚姻才能成其为婚姻。这个承诺包括生儿育女的决定，教育他们、培养他们的合作的决定，并决定尽其所能将他们培养成于社会真正有用的成员、人类真正平等负责的一分子。美满婚姻是养育下一代的最好方式，任何婚姻都必须具有这一目标。婚姻其实是一项工作，有其法则和规律。如果只关注其中一方面而忽视其他方面，我们便会触犯合作这一永恒规律。

如果我们限制只承担 5 年的责任，并把婚姻视为一个试验期，便不可能得到真正亲密和忠诚的爱情。如果男子或女子预备这么一条退路，他们对这件工作便不会全力以赴。在生活中其他严肃重要的工作中，我们是不会安排这样一个"退出条款"的。爱情是不能限制的。有些用意良好本性善良的人，他们想为婚姻找到其他变通方式，这都是走入歧途了。他们提出的这些变通方式会削弱那些已婚夫妇的努力，会使他们更容易选择退出婚姻，躲避他们在这件工作中应做的努力。

在我们的社会中，男性无疑要比女性轻松。这是社会错误地处理婚姻的结果。个人反抗是无法克服它的。尤其是在婚姻当中，个人反抗既会影响到两者关系，又会影响到对方的幸福。只有认识到社会的一般态度并加以改变。这才能得到克服。我有一个底特律的学生拉西教授，她进行了一项调查，发现 40% 的女孩都希望自己是男孩，这就意味着她们对自己的性别不满。如果人类的一半都失望沮丧，痛恨其社会地位，痛恨另一半人拥有更多的自由，我们怎能解决爱情与婚姻问题？如果女性等待的只是受到轻视，如果她们认为自己不过是男子的玩物，认为男人自然是要花心的，这个问题能够容易解决吗？

我们可以得出一个简单明了而且极为有助的结论：人类的天性既非多夫多

妻,也非一夫一妻,但是我们共同生活在这个星球上,并且尽管人人平等,但还是分成了两性。我们已经看到,我们必须解决面临自己的三大生活问题,这些事实让我们看到,只有一夫一妻制,才最能保障一个人在爱情与婚姻中得到最为完美最为充分的发展。

任何一方都应当关心对方甚于自己,这是爱情与婚姻能够成功的唯一基石。我们马上便能看出各种婚姻观点以及改革提议的错误之处。如果每一方都关心对方甚于自己,两人肯定是平等的。如果形成了这种亲密关系,双方彼此忠诚,那么每一方都不会觉得受到控制和压抑。然而,只有双方都持这种态度,才能实现平等。双方都应当竭尽全力使对方生活得舒适。这样,每人都会安全,都会觉得自己有价值,觉得别人需要自己。在此,我们看到了婚姻的基本保证,看到了婚姻关系中幸福的基本意义:这就是觉得自己有价值、无可取代,伴侣需要自己;觉得自己行为正确,是个良好的伴侣、真正的朋友。

在合作的工作中,不可能让一方接受一种屈从的地位。如果一方想操纵另一方,强迫他顺从自己,两者便无法成功地生活在一起。在现在的情况下,许多男人(事实上还有许多女人)都坚信,男人就是要控制,要发令,他们要起主要作用,他们是主人。因此,我们便有了这么多不美满的婚姻。没有人会毫无怨言地忍受卑下地位。伴侣之间是平等的,只要人们平等相待,他们总能找到解决困难的方法。譬如,在生儿育女的问题上,他们会达成一致意见。他们知道,如果决定不生育,便反是非曲直自己不愿出力去争取人类的未来。对教育问题他们也会达成协议。一旦出现问题,他们会立即解决,因为他们知道不幸婚姻的孩子会处于不利地位、不能得到良好发展。

如果一个人认为一天之内便可看出忠诚与否,很明显,他还没有做好结婚的充分准备。甚至如果夫妻双方都同意保留彼此的"自由",那么他们也不可能形成真正的伴侣关系。这不是同伙关系。在同伙关系中,我们不能随意活动。我们已经同意要进行合作了。从下面这个例子可以看到,这种对于个人的协议,完全不适合婚姻的成功和人类的幸福,而且会伤害到夫妻双方。有一对离过婚的男女又结婚了。他们都是受过高等教育的人,都衷心希望这次婚姻比前一次要美满幸福。可是他们并不知道第一次婚姻失败的原因,他们想找到一种更好的夫妻关系,但没有意识到自己缺乏社会感。他们自称思想开放、想拥有一种现代婚姻，这样便不会彼此厌烦了。因此，他们约定两人在一切事务上都完全自由，可以为所欲为，但是又必须彼此信赖，把自己的一切事情告诉对方。

在这一点上，丈夫似乎比妻子要勇敢得多，每次他一回家，便给妻子讲许多风流韵事。而妻子似乎也深以此为乐，对丈夫的魅力也深以为荣。她自己也想去卖弄风情、有婚外恋，但每次行动之前，便会有公共场所恐惧症。她再也无法单独出门了，因为这种神经过敏，她只能待在家里。出门一步，她便惊恐万状，赶紧后退。这种恐惧症使她无法实现其决定，但它的意义远非如此。最后，因为她不能单独出门，她的丈夫只能陪在她身边。可以看到，这种关于婚姻的逻辑打破了他们的决定。丈夫再也无法作思想开放者了，因为他必须陪伴妻子。她自己也无法享受自由，因为她害怕单独出门。如果要治愈这位妇女，应当迫使她对婚姻有个更好的理解，这位丈夫也要将婚姻视为一种合作的同伙关系。

有些错误在婚姻一开始便已铸成。在家里受宠的孩子，他在婚姻中往往会觉得受到了忽视。他还没有学会去适应婚姻的要求。爱宠的孩子结婚后会变成大暴君，另一方又会觉得受到虐待和束缚，而开始反抗。两个被宠坏的人结婚，会发生许多有趣的事。双方都要求得到关心和注意，双方都无法得到满足。下一步他们便会找一个脱身之法：有一方开始与第三者勾搭，希望这样能得到更多的关注。

有的人无法只与一个人恋爱，他们必须同时与两个人相爱，这样他们才觉得自由，可以从一个人那儿逃到另一个人那儿，永远不要负爱情的全部责任。事实上，脚踩两只船就是一无所有。

有的人会想象一种浪漫、理想或不可企及的爱情，这样他们便可沉迷于感觉中，而不需在现实中找一位伴侣。浪漫的理想会排除掉所有恋爱对象，因为现实中没有什么爱人能达到理想水平。

在当今社会中，我们经常会看到一些对自己的性别角色十分不适应的人。这可能就是女人性冷淡和男人心身性阳萎的根本原因。在这些情况中，他们对爱情和婚姻的抗拒就表现在这种肉体的抗拒中。这些问题无法避免，除非我们真正认为男女平等。只要一半人类还有理由不满其社会地位，这种不满便会为婚姻的成功造成巨大的阻碍。

我认为，如果婚前都没有发生性关系，人们便很容易获得亲密而忠诚的爱情和婚姻。大多数男人私下都不喜欢自己的情人在结婚时不再是处女了，他们会把这种献身视为太随便，并且在我们的文化中，如果婚前发生性关系，女子的精神压力要比男子大。

因恐惧而不是勇敢而结婚，这也是一大错误。我们知道勇气是合作的一面，如果男女出于害怕而去选择伴侣，这表明他们并不真正想合作。如果他们选择酗酒或者社会地位和教育程度远不如自己的人，情况也是一样。他们是害怕爱情和婚姻，想要创造出一种受到伴侣尊敬的地位。

夫妻双方有性的吸引力是必不可少的，但必须符合对人类幸福的渴望。倘若双方真正彼此吸引，他们便不会觉得性的吸引力在减弱。如果兴趣非常淡漠，这种问题只意味着他们缺乏对彼此的兴趣，这告诉我们这个人不再平等地看待其配偶、友好地与之合作，也不再想去充实对方的生活了。有的人也许认为兴趣还在，但肉体吸引却消失了。这决非事实。有时候嘴巴说谎，脑筋也不明白，但是身体的机能只会吐露实情。如果有机能缺陷，便一定是两者之间没有达到真正的协调，他们彼此失去了兴趣。至少有一方不再想面对爱情与婚姻这一任务，而想寻找逃脱之路了。

人的性冲动与动物的性冲动还有一点不同，它是连续不断的。这是保证人类幸福和繁衍的另一途径；这是人类得以增大繁殖的途径；这样人类才能得以生存，获得幸福。对于其他生物，老天爷则运用了其他方式来确保其生存，例如，我们发现许多雌性动物产下大量的卵，这些卵却不会成熟。一些丢失了，一些被损坏了，但因为数量如此之巨，有些还是能生存下来。

人类也是如此，确保生存的一种方式便是生儿育女。这样我们便发现在爱情与婚姻问题中，那些最自发地关心人类幸福的人，就是那些最可能生育的人，而那些有意无意对其他人不感兴趣的人，便会拒绝生育的负担。如果人们总是索求、期待，而不给予，他们便不会喜欢孩子。他们只关心自己，而把孩子视为累赘和麻烦，视为要花去时间和精力的东西，而他们更愿把这些时间和精力用在自己身上。因此我们可以说，要圆满地解决爱情与婚姻问题，就必须下定生育后代的决心。美满婚姻是我们所知的养育人类下一代的最佳方式，所有婚姻都必须达到这一点。

hunyinbaoxianhongluideng (qizipian)

任何人对婚姻的态度都是对其生活方式的表达，因此，只有整体了解这个人，我们才能了解其婚姻态度

他们在任何情况下都会问："我能得到想要的东西吗？"倘若得不到想要的东西，他们就会认为生活毫无目的。结果，他们不想奉献，只想天上会掉下大馅饼。对于他们，婚姻也不过是件要么便"出售"要么便"退货"的东西。他们需要的是露水夫妻式婚姻、尝试性婚姻、容易离婚的婚姻。婚姻一开始，他们便要求有自由，如果感觉对头，还要有权不忠于对方。如果一个人关心另一个人，他会表现出这种关心的所有特征：可靠、忠诚、负责，是个真正朋友。如果一个人的婚姻和爱情生活没有达到这些要求，他就不是一个合格的人。他看待离婚就像看待婚姻一样："我能从中捞到什么东西？"

有的人结婚还带有其他不正当目的。有的是为经济原因而结婚的，有的是因同情别人而结婚，而有的则是要得到一个仆人。婚姻之中无法容许这种毫不相关的东西存在。我还知道甚至有的人结婚是想增加自己的困难。一个年轻人也许在学业上或将来的职业上有许多困难，觉得自己可能失败，便想为自己失败找一个借口。于是，他便结婚了。这个额外的负担便使他有了一个借口。

美好而有结果的爱情需要彼此对对方有同等深厚的兴趣以及相互合作。有件事值得注意：半数罪犯在入狱或进拘留所之前，都有性病。这可以表明，他们想轻松地解决爱情问题。他们把恋爱对象视为一件财产。我们经常还会发现他们认为爱情是可以买到的。对这些人而言，性生活是征服，是占有，是他们去占有别人的方式，而不是终身关系中的一部分。许多犯人说："如果得不到想要的一切，活着有什么用？"

我们不可能会高估母亲通过母性为人类生活所做的贡献。如果她关心子女的生活，为他们铺平道路，使之成为于社会有用有贡献的成员，如果她扩展了他们的兴趣，培养他们去合作，她的工作便极为宝贵，无法报答。在我们的社会中，母亲的工作受到贬低，往往被视为毫无吸引力或毫无价值的工作。它只能得到间接报酬，而以此为主要职业的妇女在经济上也往往处于依赖地位。然而，一个家庭的成功，对母亲的工作与对父亲的工作有同等的依赖性。不论一位母亲是主持家务还是在外工作，她作为母亲的工作与丈夫是同等重要的。

后 记

一本书就是一项工程,成功了,值得感谢的人很多。

首先感谢青岛浮山文学园,是她培育、滋养了我们的文学事业,这一点,创办者隋树远先生功不可没。他是一个读书人,更是一个思想者,对文化事业的热忱令人敬仰。

苏建新是青岛浮山文学园请来的指导老师。作为一名经历过南疆战火的资深编辑、实力派作家,从这本书的创意策划、谋篇布局到润色加工,他费尽心思,可圈可点,但书稿付梓之前,他却隐退了,这使我们十分不安。

还有,青岛出版社的赵文生编辑,为本书出版花费了大量心血,在此一并感谢。

作　者

2011 年 11 月 7 日